PENSAMENTO SISTÊMICO

Abordagem Sistêmica aplicada ao Direito

Coordenação
Fabiana Quezada
Andréia Roma

Coleção
PENSAMENTO
SISTÊMICO

Editora
Leader

Copyright© 2019 by Editora Leader
Todos os direitos da primeira edição são reservados à Editora Leader

Os artigos publicados nesta obra refletem a experiência e o pensamento de cada coautor, não havendo necessariamente relação direta ou indireta, de aceitação ou concordância, com as opiniões ou posições dos demais convidados.

Diretora de projetos:	Andréia Roma
Revisão:	Editora Leader
Capa:	Editora Leader
Projeto gráfico e editoração:	Editora Leader
Livrarias e distribuidores:	Liliana Araújo
Atendimento:	Rosângela Barbosa
Gestora de relacionamento:	Juliana Correia
Organização de conteúdo:	Tauane Cezar
Diretor financeiro:	Alessandro Roma

Dados Internacionais de Catalogação na Publicação (CIP)
Bibliotecária responsável: Aline Graziele Benitez CRB-1/3129

P467 Pensamento sistêmico / [Coord.] Andréia Roma, Fabiana
1.ed.   Quezada – 1 Ed. – São Paulo: Leader, 2019.

ISBN: 978-85-5474-064-1

1. Constelação familiar. 2. Direito. I. Roma, Andréia. II. Quezada, Fabiana. III. Título.

CDD 306.83

Índices para catálogo sistemático:
1. Constelação familiar
2. Direito

2019
Editora Leader Ltda.

Escritório 1:
Depósito de Livros da Editora Leader
Rua Nuto Santana, 65, sala 1
São Paulo – SP – 02970-000

Escritório 2:
Av. Paulista, 726 – 13° andar, conj. 1303
São Paulo – SP – 01310-100

Contatos:
Tel.: (11) 3991-6136
contato@editoraleader.com.br | www.editoraleader.com.br

Agradecimentos

Estar à frente da Editora Leader, poder coordenar e realizar projetos como este é uma realização que agradeço diariamente. Com todos os desafios, seja em relação à conjuntura econômica do país ou quanto ao cuidado em reunir profissionais reconhecidos e que estejam dispostos a compartilhar seu conhecimento, sinto que não poderia atuar em outro segmento.

Cada produto que chega ao mercado com o selo da Leader é motivo de satisfação e de gratidão a todos que colaboram para que os projetos saiam do papel. E se transformem em livros maravilhosos por dentro, por seu conteúdo qualificado, e por fora!

Primeiramente, quero deixar meu agradecimento a Fabiana Quezada, que assumiu a coordenação desta obra ao meu lado, e participa também escrevendo o brilhante e esclarecedor capítulo "Abordagem Sistêmica aplicada ao Direito e à Advocacia", que traz um novo olhar sobre o Direito.

Meus agradecimentos a todos os coautores, cada um nos apresentando os temas que compõem um amplo cenário sobre o Pensamento Sistêmico, aplicado a questões do Direito como assédio moral, conflitos familiares, adoção e Justiça do Trabalho.

São eles Ana Amélia Maciel, Ana Paula Rogério, Bianca Pizzatto de Carvalho, Gracilia Herminia Amorim Portela, Leonardo Romero da Silva Santos, Paula Welker, Roberta Aparecida Moreira Reis dos Santos, Rosemary Marostica, Wanda Lúcia Ramos da Silva e Yulli Roter Maia. Profissionais que nos trazem sua expertise e experiência com o objetivo de esclarecer os leitores em sua atuação na área jurídica com uma nova visão. Mas o conteúdo é de interesse de todos os públicos, por sua abrangência e atualidade.

Finalmente agradeço a Deus por sua imensa bondade em me guiar para os melhores caminhos e continuar me desenvolvendo e empreendendo, disseminando conhecimento para a evolução de nossos leitores, sempre com o apoio dos meus colaboradores e da minha família.

Andréia Roma

CEO e Diretora de Projetos da Editora Leader

Prefácio

Quero, em primeiro lugar, agradecer à Fabiana pelo convite para escrever este prefácio, em que pretendo fazer algumas reflexões a respeito do pensamento sistêmico/complexo, incluindo informações sobre o funcionamento do ser humano.

Somos todos educados num pensamento dual/linear/mecanicista, em que para tudo existe certo e errado, bom e mau. Uma cultura que favorece o julgamento que se espelha no Direito e na Justiça. Então, surge uma dificuldade: procuramos a causa e queremos excluí-la. Assim tudo fica bem.

O pensamento dual/linear/mecanicista se consolidou junto com o começo das ciências no século XVII, visando à resolução de tudo racionalmente. O ser humano virou Homo oeconomicus, valorizado principalmente pela sua capacidade racional. Assim, podemos imaginar que esse pensamento criou uma sociedade individualista, que nos afasta mais da conexão com o outro do que nos aproxima.

Um exemplo simples: Maria tem um novo forno, coloca um pernil e deixa a porta aberta. Vendo isto se conclui que há um desgaste de energia. Alguém pode dizer: "Maria fecha a porta!" E ela responde: "Não vou fechar". E Maria pode ser rotulada como louca por assar um pernil com a porta do forno aberta.

Por qual motivo? O observador viu o fato de ela não fechar a porta, processou em sua experiência da vida, em sua memória de trabalho ou em seu banco de dados pessoal. E, então, julga o fato de acordo com sua percepção de certo ou errado sobre o tema: "Ela fez o que acho certo?" E, portanto, o observador só vê a partir de suas lentes de percepção.

No Brasil existe a Lei Maria da Penha. E, portanto, se um homem bate numa mulher dentro das hipóteses legais, pode ser processado e julgado por este ato e resultar em sua condenação que, para os olhos da sociedade, permanecerá culpado até morrer. Então, ele é o ruim e mulher será a boazinha.

Na vida política do Brasil, será que prender o ex-presidente Lula e fazer o impeachment da também ex-presidente Dilma será necessário e suficiente para tornar o país saneado da corrupção? Estará tudo resolvido?

Podemos até fazer uma pequena experiência. Ouvir uma informação ou uma pessoa falando e poderemos perceber uma voz interna, que pode vir até do inconsciente que julga: certo ou errado, bom ou mau.

No filme "I Am" há um trecho que diz: podemos desmontar um carro em mil peças e, se montarmos de novo, o carro funcionará perfeitamente. Porém, não há como se fazer o mesmo com o ser vivo. O pensamento dual/linear/mecanicista é perfeito para máquinas, porém, não para seres vivos. Portanto, um pensamento adequado para o ser humano precisa ter por base o conhecimento sobre o funcionamento do ser humano em si e em grupo.

Com as recentes descobertas nas neurociências, sabemos que o ser humano não é um ser totalmente racional. Nossas decisões são tomadas com base no emocional, permanecendo o racional como se ocupasse a figura de um porta-voz com a função de passar as conclusões das quais ele não participou na criação.

Imaginem: uma criança cai na rua, estando sua mãe por perto. Uma pessoa vê isto e sente dor e pena; outro, pode se sentir irritado com os gritos da criança; um terceiro pode pensar: "Que bom que caiu, assim se aprende". A informação era a mesma para cada um, só cada um processou inconscientemente de maneiras diversas.

Para sobreviver, precisamos uns dos outros. Se uma criança com cinco anos estiver sozinha na selva, provavelmente não irá sobreviver. Assim, visando à preservação da espécie, o grupo/sistema família tem a função de cuidar da criança. Por outro lado, família faz parte de vários outros grupos/sistemas tais como empresa, religião, cidade, país, por exemplo. E todos os sistemas têm objetivos e regras para o conjunto, as quais normalmente, inconscientemente, adotamos e copiamos. E as regras dos grupos normalmente dominam o ser humano, principalmente por não serem conscientes.

No ano 1970, professores da universidade Stanford planejaram um experimento: para isto examinaram os alunos, e todos deveriam estar com saúde mental e física para participar. Aí os separaram dois grupos: uns, seriam prisioneiros e foram deixados no porão da universidade; o segundo grupo teve o papel de guarda, inclusive recebeu uniforme, óculos e algo para bater. Já na primeira noite houve uma pequena revolta entre os prisioneiros e os guardas, para contê-los, deram menos comida para aqueles que se revoltaram. Na terceira noite, um prisioneiro entrou em colapso. Já no grupo dos guardas, iniciaram ações sádicas e, no sexto dia, os professores terminaram o experimento pois perceberam que estavam no lado dos guardas. Todos os participantes eram estudantes, saudáveis, normais. Esse experimento mostra como o pertencimento a um sistema tem efeito em nós e nos movimenta.

Somos todos frutos dos nossos contextos, e isto na maioria das vezes sem ter essa consciência.

Assim, o pensamento sistêmico me abriu para os princípios/regras que movimentam o ser humano em suas ações nos sistemas, me ajudando a perceber o que fiz para uma situação ser do jeito que ela é. Consciente dos contextos, eu poderei me reposicionar. Sem consciência, o inconsciente movimenta.

No pensamento dual/linear/mecanicista corremos o risco de nos fecharmos mais e mais no nosso mundo. Por outro lado, com o pensamento sistêmico nos tornamos exploradores. Ausentamos o julgamento de certo e errado, sabendo que cada ação ou não-ação tem consequências e nos abrimos para: "O que fez a situação ser do jeito que ela é?"

Voltemos para o exemplo de Maria e a sua porta aberta do forno: "O que a faz não fechar a porta?" Esta pergunta me abre para o outro e fico disposta a sair do meu mundo e conhecer o outro. Responde Maria: "A minha mãe não fechava, como também a minha avó e, dessa maneira, sempre saiu o pernil maravilhoso". Com estas palavras, Maria mostrou que, talvez, inconscientemente copiou a forma como a mãe e a avó preparavam o pernil, e, assim, permaneceu leal aos costumes familiares. O que talvez a família esqueceu é que o forno da avó era pequeno e não cabia um pernil e havia a necessidade de deixar a porta aberta. A avó comprou depois novo forno e ficou com o antigo padrão em relação à porta. Quando isto entrar na consciência da Maria, provavelmente estará apta para fechar a porta.

E o homem que bateu na mulher? Claro que a sociedade precisa fazer algo para cessar a violência do homem. Mas ele é o único culpado? Será que ela teve coparticipação? Pela ótica do funcionamento do ser humano, a vítima atrai o agressor e este atrai a vítima. O homem bate na mulher quando se sente amado e valorizado? Ela tomou conhecimento dos padrões da família de origem do agressor? Tomou conhecimento dos padrões de sua própria família de origem? O que a fez se casar, por exemplo, com um homem violento? E os filhos? Se ela não vê a coparticipação dela, há um alto risco de os filhos se tornarem agressores ou vítimas. Na maioria das dificuldades temos coparticipação. Olhando para nossa parte e assumindo a responsabilidade, crescemos. Porém, julgando o outro manifestamos e permanecemos com o nosso padrão.

E os políticos, como Lula e Dilma? Imagine se Dilma tivesse sido presidente da Alemanha. Ela teria feito o mesmo que no Brasil? Não, pois lá tem outras regras. Aí talvez importe, além de julgar o político, perceber que as atuais regras favoreceram o que foi feito. Mudar as regras é mais importante.

Espero que o meu prefácio tenha despertado em você outra maneira de ver as pessoas e a vida. E talvez você consiga ler o livro ausentando certo e errado e virar explorador.

Cornélia Benesch Bonenkamp

Sumário

1. Abordagem sistêmica aplicada ao Direito e à Advocacia.... 13
   Fabiana Quezada

2. O pensamento sistêmico sob a ótica do drama de viver à sombra do assédio moral... 29
   Ana Paula Rogério

3. O atendimento sistêmico para conflitos familiares no Direito de Família.. 39
   Bianca Pizzatto de Carvalho

4. Pensamento sistêmico na Advocacia........................... 51
   Gracilia Herminia Amorim Portela

5. Mediação Sistêmica 65
   Leonardo Romero da Silva Santos

6. Reflexões do pensamento sistêmico 77
   Paula Welker

7. As ordens da ajuda aplicadas aos profissionais do
Sistema de Justiça 87
  Roberta Aparecida Moreira Reis dos Santos

8. Adoção no Brasil e a abordagem sistêmica 103
  Rosemary Marostica

9. Abordagem sistêmica dos conflitos na
Justiça do Trabalho 117
  Wanda Lúcia Ramos da Silva

10. O uso de práticas sistêmicas em processos judiciais 129
  Yulli Roter Maia e
  Ana Amélia Maciel

1

Abordagem sistêmica aplicada ao Direito e à Advocacia

Fabiana Quezada

Fabiana Quezada

É advogada, palestrante, mestre em Coaching, *trainer* em PNL e Psicologia Positiva, analista Comportamental, consteladora Familiar e Organizacional, consultora sistêmica, mediadora. Atualmente está como presidente da Comissão Especial de Direito Sistêmico da OAB/SP (estadual). Ampla experiência com Treinamento de Desenvolvimento Pessoal e Liderança para profissionais da área do Direito. Fundadora da Sociedade Brasileira de Direito Sistêmico (SBDSIS), coordenadora e coautora do livro *Coaching para Advogados* e coautora dos livros *Treinamentos Comportamentais* e *Um novo olhar para o conflito* e *Cards Game da Constelação*.

Contato: (11) 94208-8259

E-mail: contato.sbdsis@gmail.com

www.sbdsis.com.br

Abordagem sistêmica aplicada ao Direito e à Advocacia

Um novo olhar para o Direito

Eu honro você e tudo que foi, e do jeito que foi.

Em primeiro lugar, cabe aos profissionais que atuam com a abordagem sistêmica entenderem, honrarem e agradecerem o "Direito Tradicional", e que aqui não se trata de uma separação, apenas de uma postura diferente na atuação do profissional.

A forma como lidávamos com o conflito e aplicávamos a lei era o que conhecíamos deste sistema origem e, por isso, permanecemos até então na boa consciência. Os que vieram antes neste sistema também pagaram um alto preço na tentativa de manter o equilíbrio do sistema jurídico.

Olhar para o novo pode ser para alguns uma ameaça à suposta ordem estabelecida e, por isso, ainda enfrentamos resistência dos profissionais da área em relação à aplicação sistêmica no Direito. Segundo Bert Hellinger:

"Tudo o que abala as tradições é sentido como uma ameaça, tanto pela consciência individual quanto pela consciência do grupo...

O que é novo ameaça a coesão desse grupo e, consequentemente, a sua sobrevivência em sua forma atual, pois quando um grupo abre espaço ao novo precisa reorganizar-se para não se dissolver".

Neste sentido, o mesmo acontece quando alguém se torna advogado, junta-se igualmente a um campo morfogenético e:

> *"Este campo morfogenético age como uma consciência. Quando os membros se permitem pensar sobre algo de forma diferente, de repente se sentem desconfortáveis ou até mesmo com medo e sentirão a consciência pesada".*
>
> O Amor do Espírito, p. 150

Quando olhamos para tudo que foi, do jeito que foi, e entendemos que os que vieram antes, incluindo a versão anterior de nós mesmos, fizeram o melhor que podiam diante do contexto e da época em que viviam fica mais leve seguir neste novo caminho, liberados da culpa e do ressentimento.

Importante lembrar que muitos ainda permanecerão atuando como sempre fizeram. Eles fazem parte e têm o seu lugar dentro deste mundo jurídico. Está tudo certo!

Para aqueles que buscam outro olhar, o novo paradigma do Direito nos traz a importância de utilizar meios mais adequados para solução de conflitos, partindo da cultura do litígio para a cultura de paz, onde todos são incluídos e vistos em seus contextos e necessidades.

Quando falo desta forma de olhar o que está por trás do conflito, recebo algumas perguntas como: "Quer dizer que agora o advogado é psicólogo? Que eu vou ter que constelar o cliente?"

A minha resposta é que, quando um cliente senta à nossa frente, não se trata de nos tornarmos terapeutas ou psicólogos, com todo respeito a estes profissionais, mas de nos conectarmos com o que é humano no outro, entendendo seus contextos e motivações, por meio da empatia sistêmica e do não julgamento.

Durante muito tempo o Judiciário e os operadores do Direito excluíram ou negaram esta forma sistêmica de olhar para as partes e clientes, acreditando que estavam tratando todos de forma "igual" por meio de um pensamento linear e cartesiano, ou seja, aplicação da Lei pura e simples.

Hoje podemos olhar para os clientes não mais como um número de processo, ou pilhas de papel numa prateleira aguardando um resultado, mas como seres humanos.

O que o cliente busca no atendimento jurídico?

"É preciso desistir do que queremos para recebermos o que necessitamos."

Bert Hellinger

Podemos dizer sem pensar que: o cliente, ao procurar um advogado ou o Judiciário, quer JUSTIÇA.

Aqui cabe uma reflexão: O que é justiça para aquele que está em conflito? Aquele que "ganha", ganha o que exatamente? Que justiça realmente foi feita e em nome de quê, ou de quem? O que aconteceria se realmente fosse alcançada?

Segundo Bert Hellinger, todo grande conflito pretende remover algo do caminho e, em última análise, destruí-lo, há um desejo de extermínio. O que atua é o próprio instinto de sobrevivência.

O indivíduo, ao sentir-se ameaçado ou injustiçado, de forma real ou apenas pelo risco imaginário, recebe em seu sistema nervoso estímulos que o fazem ter comportamentos de fuga ou luta. Em ambos os casos há um desejo de acabar com aquela situação ou com aquele que lhe causou aquele mal.

Quando falamos de processos judiciais, muitas vezes o cliente tem o objetivo de vingar-se da outra parte causando-lhe um mal maior, como necessidade de compensação.

Aquele que perdeu se sente injustiçado por acreditar que sua verdade é a realidade, então recorre. O processo nunca termina e a justiça não será feita do ponto de vista desta parte.

Mas aquele que ganhou pode achar que ainda foi pouco e também recorre. Confuso, certo? Sim, são os emaranhados que acontecem nos sistemas. Assim, nenhuma das partes consegue alcançar o equilíbrio, porque não sabem qual é sua justa medida.

Quem é livre neste contexto? Ninguém! Continuam unidos, presos pelo conflito e pela lealdade a seus próprios sistemas familiares. Há entre as partes em um jogo de acusações, de culpa e inocência uma necessidade de compensação que muitas vezes não é satisfeita.

Neste sentido de Justiça, Bert Hellinger faz a seguinte reflexão:

"Ela é considerada um grande bem e um grande objetivo. Já houve justiça um dia? Vocês viram a justiça ter êxito? Ela não existe. Existe apenas como ideia, a ideia de que precisamos alcançá-la. O que acontece quando alcançamos? Alguém é assassinado".

O Amor do Espírito, p. 150

Por exemplo, em um atendimento sistêmico para a abertura de um inventário litigioso, perguntei para a cliente o que ela gostaria de alcançar ao final do processo, e a resposta imediata foi: "Aquilo a que tenho direito". Durante o atendimento, conforme ela ia tirando cartas ficou claro que por trás tinha o objetivo de vingar-se dos irmãos, tanto que ao ser perguntada sobre o significado da figura que representava o inventário ela disse: "É uma arma!" Outra carta que ela tirou foi a da Justiça e ela disse que sentia que os pais foram injustos com ela, deram mais aos irmãos.

Com isto fica claro que cabe ao profissional entender o conceito subjetivo de justiça para seu cliente e de que lugar ele fala, para assim trazer consciência e poder atender suas necessidades.

Qual é o papel do advogado?

"O advogado tem um papel social, e sua função é facilitar uma boa solução às partes, que beneficiará muitos sistemas."

Fabiana Quezada

Quando o cliente entra em nosso escritório traz com ele todo seu sistema familiar, além de suas emoções e sentimentos secundários (raiva, vingança, por exemplo), crenças e comportamentos destrutivos.

Neste sentido, o profissional que possui um olhar mais ampliado pode refletir sobre: quais os motivos que levam este cliente a ter este tipo de conflito? O que leva o cliente a agir como age? Quem do sistema familiar deste cliente também passou por esta situação?

E, por meio deste questionamento interno, o advogado pode fazer perguntas sistêmicas direcionadas ao cliente para entender de forma ampla o que acontece dentro do conflito e gerar novas possibilidades de solução.

E qual é o nosso papel enquanto advogados? Será que estamos facilitando a solução ou intensificando o conflito?

"Existem ainda aqueles casos em que o próprio advogado entra em ressonância com seu cliente. Nesses casos, é interessante observar que, não raras vezes, o conflito do cliente faz sentido para o advogado, que reconhece os sintomas, porque no seu sistema familiar aquilo ressoa e, nesse movimento, o próprio advogado fortalece o conflito ao invés de pacificá-lo." (PIZZATTO, 2018).

Assim, podemos dizer que o advogado é o primeiro juiz da causa, pois pode estar agindo conforme suas próprias experiências e julgando seu cliente, interferindo em seu destino, ocupando o lugar que não lhe pertence, como pai ou mãe do cliente.

Quantas vezes o cliente quer falar em audiência e o advogado diz: "Você não pode falar aqui". Quantas vezes o advogado, inconscientemente, acreditando que está fazendo tudo por seu cliente, está desrespeitando sua vontade? Quantos acordos não foram realizados pelo fato de o advogado acreditar que não era o suficiente?

Em diversas ocasiões, em palestras e cursos, costumo repetir uma dinâmica em que colocamos o profissional (advogado) e o cliente, e peço para o advogado dizer: "Pode deixar que vou cuidar do seu problema", "não se preocupe, agora eu cuido para você".

Observamos que o cliente se sente pequeno como uma criança e perde a força, chegando até mesmo a sentar-se no chão, olhando para o profissional como aqueles que deveriam cuidar dele, os próprios pais. O profissional, por sua vez, pode se sentir grande e ao mesmo tempo pesado, por ter assumido sozinho a responsabilidade.

Neste caso, ao colocarmos um representante para o sistema do advogado e outro para o sistema do cliente, observamos a real motivação para querer cuidar do cliente: ele faz por seu próprio sistema e pelas injustiças que não foram compensadas. Muitas vezes a intenção de ajudar se mostra como uma forma de compensação ou necessidade de algo que falta no nosso sistema, como: amor, reconhecimento, sentir-se competente, ter sentido, pertencimento.

A partir desta consciência, o advogado pode se virar e dizer para o seu cliente "no meu lugar e no meu papel posso te ajudar", assim verificamos que o cliente toma força para agir, assumindo sua responsabilidade na qualidade de parte no processo e sua coparticipação pelo conflito que se apresenta.

Esta é uma dinâmica comum dos profissionais do Direito, e que vão contra os princípios das ordens da ajuda de Bert Hellinger, que são:

1. Dar apenas o que se tem e receber apenas o que necessita. Ajuda humilde diante das expectativas e da dor.

2. Aceitar as circunstâncias e só intervir até onde nos é permitido. Querer mudar o destino do outro por nossa própria vontade gera desequilíbrio.

3. Tratar o cliente como adulto, evitando a transferência e contratransferência com os pais. Quando o cliente chega com raiva, muitas vezes está no estado criança, como se buscasse ajuda dos pais. Neste sentido o papel do profissional é trazer a pessoa para o presente e para o estado adulto, que assume responsabilidade.

4. Ter empatia pelo sistema como um todo. Olhar para o ajudado ou cliente como um indivíduo que faz parte de um sistema "a quem ou a que" deve algo, e assim como facilitador contribuir com os passos necessários para caminhar em direção à solução.

5. Amar a pessoa tal como é, mesmo sendo muito diferente – não julgamento. A verdadeira ajuda está a serviço da reconciliação e quando distinguimos as pessoas em "boas" ou "más" negamos a alguém o direito de pertencer.

6. Concordar com a situação do cliente, exatamente como foi, sem lamentar ou sentir pena. Quando o cliente lamenta ainda está vivendo como se quisesse mudar o passado. Se o profissional sentir pena, reforçará o comportamento e nada mudará.

Nós, advogados, também somos considerados "ajudantes", e assim, nesta função, precisamos estar em simetria e respeitar o sistema de cada cliente, livres de pré-julgamentos, intenções e emoções secundárias.

E para exercitar esta forma de ajudar isenta de intenção podemos praticar as seguintes habilidades:

1. Observação, percepção e compreensão: como profissional, olhar a situação como sendo uma terceira pessoa, que não está dentro do problema. Observando a situação específica e ao mesmo tempo percebendo e sentindo o todo, o profissional é capaz de compreender a construção do significado do cliente.

2. Empatia Sistêmica e Rapport: olhar o que está por trás do cliente, seu sistema familiar, conjunto de crenças e valores. A real empatia não é se colocar no lugar do cliente, mas entender seus contextos, é a empatia sistêmica. E nesse sentido é importante estabelecer confiança por meio da comunicação e de uma linguagem compatíveis com a do cliente e que acesse seus modelos mentais.

3. Cooperação e autorresponsabilidade: o profissional não impõe aquilo que acredita ser a melhor estratégia. Ele se coloca a serviço do cliente para construção conjunta da solução, na qual cada um assume a responsabilidade por sua parte no contrato, deixando que o cliente se sinta "adulto" para decidir dentre as possibilidades de solução.

Advogado com postura sistêmica

Os estudos do pensamento sistêmico e das Constelações Familiares conduzem o profissional ao autoconhecimento, possibilitando que olhe para suas dificuldades, motivos e padrões de comportamentos inconscientes que geram repetições em determinados contextos. Para que assim também tenha a capacidade e habilidade de olhar para seus próprios clientes e utilizar ferramentas sistêmicas para facilitar a solução de conflitos.

Partindo deste princípio, pode-se dizer que a pessoa nunca "é" algo, pois não estamos no julgamento nem rotulamos, mas que ela "está" em determinado contexto agindo desta forma, por exemplo, no papel de vítima ou agressor. E o estar permite a mudança.

A linguagem é importante neste sentido, porque quando digo "você é agressivo" estou atacando a pessoa em um nível de identidade, no seu sentido de EU e, consequentemente, seus valores e crenças. E a resposta será obviamente negativa e proporcional ao estímulo sofrido.

Se eu digo que "minha religião é boa, a sua ruim", "Eu sou bom e eles maus", "Eu sou certo, eles errados", também posso estar excluindo algo dentro de mim, e encontrando formas racionais de confirmar minhas crenças. Mas, incrivelmente, aquilo que excluo do meu sistema volta ou persiste. É como dizer "não pense no medo", o que a sistema faz? o aproxima de situações de medo.

Em seu livro *Pensamento Sistêmico - um Novo Paradigma da Ciência*, Esteves de Vasconcelos diz:

"Além de influir sobre nossas percepções, nossos paradigmas também influenciam nossas ações: fazem-nos acreditar que o jeito como fazemos as coisas é "o certo" ou "a única forma de fazer". Assim costumam impedir-nos de aceitar ideias novas, tornando-nos pouco flexíveis e resistentes a mudanças".

A partir destes entendimentos, o profissional sai do estado do "ego" e da postura que o faz acreditar que sabe e direciona o cliente para o que acha que é melhor para ele sem perguntar, e passa para uma postura de observador.

Ao tornar-se observador, isentando-se do julgamento moral, passa a olhar para o todo, com empatia sistêmica, gera conexão com o cliente, explora o contexto, facilita o processo de ampliação de consciência e cocria uma solução mais adequada, que gera autorresponsabilidade e atende as necessidades internas das partes e todos os envolvidos.

Prática sistêmica na advocacia

Posições perceptuais

Nos atendimentos individuais utilizo diversas abordagens nas quais me especializei, como o Coaching Sistêmico, a PNL, a Psicologia Positiva e as Constelações Sistêmicas, que são habilidades na facilitação dos processos de ampliação de consciência do cliente para a questão em conflito, a fim de construirmos uma solução.

Neste trabalho também utilizo cartas, bonecos e âncoras, com o objetivo de entender os significados internos trazidos pelo cliente.

Uma das ferramentas que testei inúmeras vezes e que traz um excelente resultado é o exercício de posições perceptuais que adaptei para a área do Direito. Pode ser feito em pé, ou na própria mesa utilizando os bonecos e o modelo sugerido, ou com cadeiras. Pode ser feito com as duas partes presentes ou apenas uma delas. Em escritórios, mediações, *workshops*.

Em um dos cursos, uma aluna tinha um conflito com o irmão e após o exercício, ao passar pela posição do outro como se fosse ele mesmo, conseguiu olhar para o todo de forma diferente. Ao final, perguntei qual o primeiro passo (pergunta de Coaching), ela disse que iria entrar em contato com o irmão na segunda-feira após o curso. No mesmo dia, à noite, o irmão entrou em contato. Fato que ela relatou no dia seguinte no curso.

Em divórcios peço para que o casal escreva em uma folha o que cada um sente em relação a uma questão. Por exemplo, tive uma experiência com um casal em que o cônjuge devia dinheiro para a cônjuge, mas que no divórcio tradicional iria levar anos de discussão, já que não existiam provas concretas e porque geralmente entre um casal não há o hábito de se fazer contrato ou recibo.

Em um dos encontros, verificando que ela voltava no mesmo assunto e que ambos começaram a se "alfinetar", pedi que escrevessem num papel qual era o valor devido e como cada um se sentia em relação a esta questão. Depois pedi para que ambos trocassem de cadeira e sentissem como se estivessem no lugar do outro e pedi para lerem o que escreveram. Então ambos puderam ver o que o outro sentia, ela viu o quanto ele se sentia responsável pelo irmão e pela família de origem; ele, o quanto ela se sentiu desrespeitada. E neste caso chegaram a um consenso sobre o valor devido e fizeram um acordo através de contrato para pagamento. Assim, resolveram o problema sem necessidade de ingressarem com ação judicial.

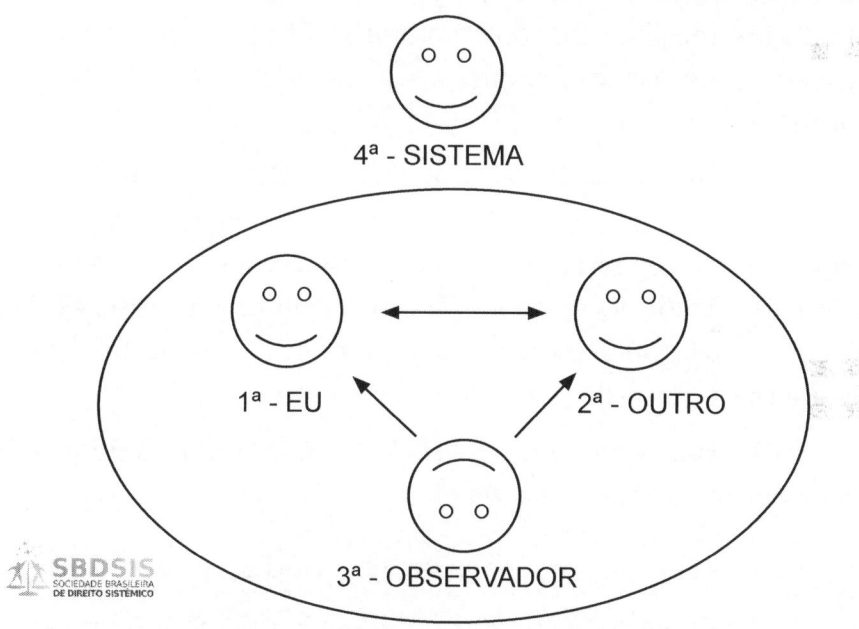

O exercício de posições perceptuais foi desenvolvido por John Grinder e Judith DeLozier com o objetivo de que a pessoa avalie uma situação passada em que houve um conflito, discussão ou dificuldade relacional a partir de uma nova perspectiva, diferente da sua e, assim, consiga encontrar alternativas que poderiam ter levado a um resultado diferente.

As três posições perceptuais são:

- **Primeira:** posição do "EU" na qual a pessoa pode ver, ouvir e sentir a situação através dos seus próprios olhos, ouvidos e sensações. Está associado e só consegue ver a sua própria realidade e crenças. Nesta posição ele percebe como está sendo afetado. "Eu sinto..." Eu acho..." Quem vive nessa posição pode ser visto como egoísta, pois tende a focar apenas em suas próprias necessidades.

- **Segunda:** posição do "OUTRO", na qual a pessoa se coloca no lugar do outro, calçando os sapatos da outra pessoa para experimentar (ver, ouvir e sentir) a situação como se estivesse realmente no lugar do outro. Sentindo como o outro sente e interpreta a mesma situação com outros filtros. Quem vive nesta posição tende a pensar mais nas necessidades dos outros em detrimento das suas.

- **Terceira:** posição do "OBSERVADOR", na qual a pessoa se vê desassociada do relacionamento, apenas observando como se fosse um terceiro. Situação como você se sente olhando a situação de fora, quais são suas opiniões e observações ou conselhos que ofereceria aos envolvidos. Nesta posição a pessoa pode ser vista como desinteressada.

- **Quarta:** posição do "SISTEMA", como olha para as três posições como uma consciência maior.

Exercício de Posições Perceptuais: passo a passo

1. Pense em uma conversa, discussão ou conflito que você teve recentemente com outra pessoa e que ainda permanece mal resolvido.

2. Pergunta: você está disposto a olhar para esta situação para obter melhores formas de resolver dificuldades semelhantes no futuro? Você está comprometido e assume sua responsabilidade?

3. Você irá explorar todas as posições experimentando todas as sensações, o que vê, ouve ou sente diante daquela situação.

4. Feche os olhos e entre na posição do "EU" lembrando daquele momento como se estivesse acontecendo agora. Descreva o que viu, ouviu ou sentiu. Quando terminar abra os olhos e saia do lugar (quebre o estado).

5. Novamente feche os olhos e desta vez se coloque no lugar do "OUTRO", vendo o que ele via, ouvindo o que ele ouvia, sentindo o que ele sentia. Perceba os gestos, linguagem verbal e não verbal, tom e ritmo de voz. Se nesta posição você tivesse que dar um conselho para o "EU", qual seria? Quando se sentir confortável abra os olhos e saia da posição (quebre o estado).

6. Novamente feche os olhos e agora se coloque na posição do "OBSERVADOR", o que esta pessoa que não está associada àquela situação vê, ouve e sente olhando para o conflito? Quais as expressões, gestos e linguagem verbal e não verbal. Qual percepção ou conselho daria para as pessoas envolvidas? Quando estiver pronto abra os olhos e saia da posição. (Quebre o estado).

7. Novamente feche os olhos e entre na posição do "SISTEMA" apenas sentindo. Quando estiver pronto pode abrir os olhos.

8. Repita os passos de 2 a 5. Desta vez usando novos comportamentos e recursos. Quais mudanças você consegue perceber? Mudou o resultado?

Que você ao ler este artigo possa tomar este conhecimento e fazer algo de bom para o seu bem e o para bem de todos! Sucesso em sua jornada!

Referências bibliográficas

HELLINGER, B. **A simetria oculta do amor:** por que o amor faz os relacionamentos darem certo. São Paulo: Cultrix, 1998.

HELLINGER, B. **Ordens da ajuda.** Patos de Minas: Atman, 2005a.

HELLINGER, B. **Conflito e paz:** uma resposta. São Paulo: Cultrix, 2007a.

HELLINGER, B. **O amor do Espírito na Hellinger Sciencia.** Minas Gerais: Atman, 2009.

LIPTON, B. H. **A biologia da Crença.** São Paulo, 2007.

O'CONNOR, Joseph. **Introdução à Programação Neurolinguística.** Como entender e influenciar pessoas. São Paulo: Summus Editorial, 1995.

VASCONCELLOS, M. E. de. **Pensamento Sistêmico:** Um novo paradigma da ciência. São Paulo. 8ª edição, 2009.

2
O pensamento sistêmico sob a ótica do drama de viver à sombra do assédio moral

Ana Paula Rogério

Ana Paula Rogério

Advogada, Mediadora e Consteladora Sistêmica. Militante na área da Família e das Sucessões, atua diretamente nas mediações de conflitos familiares. Idealizadora do perfil @legalmentemulher, que tem como missão o empoderamento da mulher vítima de Assédio Moral em Relacionamentos Abusivos. Formação em Pensamento Sistêmico e Constelações Familiares com ênfase em Direito, pela Sociedade de Direito Sistêmico.

O pensamento sistêmico sob a ótica do drama de viver à sombra do assédio moral

Entender o comportamento humano e ajudar no desenvolvimento de mulheres que diariamente sofrem com assédio moral em relacionamentos abusivos na vida pessoal e profissional é tarefa desafiadora.

Como advogada militante na área da Família, me deparei com muitos casos de Assédio Moral nos Relacionamentos Abusivos quando atendia casais que queriam se divorciar. Eram histórias muitas vezes tão sofridas, mas histórias da vida real, nem melhores nem piores que nenhuma outra. Foram elas que me fizeram chegar até aqui.

É triste e chocante assumir que dentro da família pode haver violência psíquica tão grave como o assédio moral. E, para auxiliar de forma mais efetiva e de maneira mais próxima essas mulheres, em 2016 criei o perfil nas redes sociais chamado Legalmente Mulher e @legalmentemulher, em que, através de mensagens de empoderamento feminino, consigo alcançar um maior número de pessoas e, assim, tentar diminuir os casos e contribuir para o enfrentamento contra a violência doméstica.

A violência moral e psicológica tem muito menos visibilidade que a agressão física, e tem a sua compreensão mais difícil tanto pela vítima, quanto pelo agressor. Entretanto, quando ocorrem, são passíveis das medidas protetivas previstas na Lei Maria da Penha com suas punições.

A violência física é uma parte visível e incontestável que costuma receber um enfrentamento do Poder Judiciário. Mas a violência psicológica, moral e patrimonial, geralmente, não recebe o mesmo enfrentamento. Sequer é reconhecida na maioria dos casos. Então, existe uma grande dificuldade de o agressor se reconhecer como praticante desse tipo de violência e da vítima em se perceber em situação de violência. Até pouco tempo, castigos domésticos eram tolerados e vistos como naturais nas relações de família. Logo, é difícil as mulheres reconhecerem isso e buscarem orientação. Por consequência, acaba havendo um número menor de notificações. Aos amigos e familiares, cabe o papel de amparar essa vítima e fazer alertas sutis.

É preciso que a vítima se reconheça como vítima e procure ajuda, inclusive de um profissional. Sozinha, infelizmente, a vítima dificilmente consegue ter força emocional para reverter a realidade violenta que vive, mesmo porque nem tudo é tão ruim na convivência com o agressor. O agressor é consciente das atitudes agressivas e também sabe quando pedir desculpas, numa tentativa de enredar ainda mais a vítima. Quando sente que precisa neutralizar a situação, pede perdão e, em geral, faz algo que a vítima gosta (passeio ou presente), mas o perdão não é verdadeiro e a rotina de violência volta a fazer parte da vida da família.

A violência psicológica é bem mais comum do que se imagina. Começa mais sutil, com chantagens e humilhações, e vai evoluindo para xingamentos, alterações de voz e ameaças mais incisivas. Ter atenção a esses aspectos é muito importante porque a violência nos relacionamentos acontece, normalmente, dentro de ciclos, que se alternam entre períodos violentos e de reconciliação. Ao mesmo tempo, funcionam também numa espiral, sendo que o último capítulo dessa escalada doméstica é o feminicídio.

Então, é muito importante a compreensão da violência psicológica e moral, porque a mulher precisa tomar conhecimento de que, se ela não interrompe esse ciclo no começo, a tendência é que haja uma evolução para agressões mais graves.

Estes comportamentos aparecem frequentemente disfarçados de "ciúme" e "zelo". Muitas vezes, esse tipo de violência é confundido com o próprio amor e com excesso de cuidado. Mas, na verdade, é uma forma de controle, de subjugar e retirar a autonomia da mulher para que ela continue ali presa a um ciclo de violência.

Para a mulher poder entender que isso passou dos limites aceitáveis, ela deve ter em mente que tudo aquilo que interfira nos direitos dela como cidadã, assim como na autonomia, nas vontades e no controle sobre o seu corpo, pode ser identificado como uma tentativa de exercício de um poder e de uma violência psicológica ou moral. São exemplos todas as falas do tipo "você não vai sair com essa roupa", "não gosto da cor desse batom", "nada de amiguinhas por aqui", ou "não pode estudar porque vai conhecer pessoas mais interessantes na faculdade". Todos esses comportamentos não se confundem, de forma alguma, com cuidado ou zelo. São atitudes controladoras e que caracterizam, sim, violência psicológica.

Geralmente, as pessoas que estão à volta dessa mulher, como amigos e familiares, são os primeiros a perceberem e identificarem a violência moral, porque uma das estratégias do agressor é justamente afastar a mulher inserida neste ciclo de violência do convívio com os familiares e os amigos. Ele argumenta que as amizades não prestam e não são boas influências para a mulher ou que a família não gosta dele. Por outro lado, essa situação do dispositivo amoroso faz com que a mulher não perceba que a crítica da família está tentando protegê-la. Então, normalmente, ela associa isso a inveja ou um não querer que ela seja feliz. Por isso, essas pessoas devem ter muito cuidado e fazer alertas sutis, dando sinais para que ela se conscientize disso. Às vezes, apontar diretamente não faz com que ela enxergue a situação.

Para o Direito, o assédio moral na família é de extrema importância. Os juristas precisam assumir a sua existência e ter a preocupação de amparar as vítimas. É preciso ter conhecimento, sabedoria e sensibilidade na escolha da técnica processual adequada a fim de que o Direito seja efetivo na proteção das vítimas. No ordenamento jurídico, há tutelas jurisdicionais específicas para prevenção do ilícito e a não repetição (tutela inibitória), bem como a indenização de danos sofridos (tutela indenizatória).

Pesquisa de 2013, do DataSenado, em municípios brasileiros com mulheres com 16 anos ou mais, mostrou que 99% das entrevistadas sabem da existência da Lei nº 11.340/06, mais conhecida como Lei Maria da Penha. (BRASIL, 2006). Dados dessa pesquisa apontaram que 13,5 milhões de mulheres já foram vítimas de algum tipo de agressão e, destas, 31% ainda convivem com o agressor, entre as quais 14% sofrem algum tipo de violência. Entre as mulheres que já sofreram violência, 65% foram agredidas pelo seu parceiro, 13% por ex-companheiros e 11% por parentes consanguíneos e cunhados. Entre as mulheres agredidas, 40% procuraram ajuda após a primeira agressão, mas em 15% dos casos não buscaram qualquer tipo de auxílio, seja por intermédio de uma rede social ou por denúncia (BRASIL, 2013).

A promulgação da Lei Maria da Penha configurou a violência contra a mulher como crime de maior potencial ofensivo. Posteriormente, em 2015 foi promulgada a Lei nº 13.104/2015, que diz respeito ao feminicídio (BRASIL, 2015). Feminicídio ou femicídio são termos designados para conceituar o homicídio de mulheres em razão do conflito de gênero, ou seja, pelo simples fato de ser do sexo feminino, e que envolve, dessa forma, ódio ou menosprezo pela condição de ser mulher.

À luz do pensamento Sistêmico, segundo Bert Hellinger, "Somente existe abusador porque existe vítima", ou seja, os sistemas se atraem para que haja essa conexão de violência, certamente advindo de movimentos repetidos de ambos.

Em busca de entender a psiquê de homens e mulheres que vivem relacionamentos abusivos, permeados de violência, tanto verbal quanto física, através do Pensamento Sistêmico, cheguei à conclusão de que as piores consequências para esse tipo de relacionamento são resultados de emaranhamentos do sistema familiar de cada um dos envolvidos. Histórias de violências que se repetem através das gerações, pois acabamos inconscientemente repetindo tais dinâmicas. Então, os emaranhamentos não resolvidos daquele sistema podem atuar nesse relacionamento.

A Transmissão Geracional da Violência na Relação Conjugal, segundo pesquisa de Tatiana Camargo Sant'Anna Maria e Maria Aparecida Penso, da Universidade Católica de Brasília, são papéis estereotipados de gênero a partir da Teoria Familiar Sistêmica e da Teoria de Gênero, com um casal vítima de violência conjugal. As análises apontaram que os cônjuges vivenciaram padrões relacionais violentos em suas famílias de origem, com papéis estereotipados de homem e mulher, baseados no modelo patriarcal, e que as vivências de cada cônjuge em suas famílias de origem influenciaram o casal, em seu relacionamento, tanto na estereotipia de cada papel quanto na forma de lidar com as negociações e os conflitos conjugais.

Assim, as vivências familiares influenciarão as decisões e escolhas amorosas de seus membros, que se encontram diretamente fundamentadas em uma representação simbólica, construída pela família, bem como pelo contexto sociocultural em que esses membros encontram-se inseridos. Os movimentos de separação e individuação irão influenciar a forma como o sujeito ajusta seus ideais pessoais à vivência da conjugalidade, o período de transição do desenvolvimento humano, que modifica sua realidade e a de sua família de origem, estando relacionado não só ao seu Ciclo de Vida.

Diante de todos esses emaranhamentos, Bert Hellinger sugere que precisamos ter muito cuidado ao nos colocar em nossos relacionamentos. Precisamos entender que aquele ou aquela que está agora comigo teve uma vida com sua própria cultura e emaranhamento, e que de certa forma ele ou ela também é resultado disso.

Quando, por algum motivo, intervimos no processo da família do nosso parceiro ou parceira, estamos a alguns passos de fracassar, pois nos colocamos em um campo que não conhecemos e não temos bússola, não temos registros, não temos informações – é a família do outro e ali não temos nada a fazer. Absolutamente nada.

Diante desses movimentos de abusos emocionais, a consequência certa que ocorre é o divórcio. Bert trata sobre o movimento do divórcio no livro *A simetria oculta do amor*, a saber:

> *"Quando finalmente se dá a separação, ambos os parceiros se veem diante das possibilidades e riscos de um novo começo. Se um deles rejeitar a oportunidade de um novo começo e ignorar a possibilidade de criar algo de bom, preferindo apegar-se à dor, torna-se difícil para o outro parceiro libertar-se.*
>
> *Por outro lado, se ambos aproveitarem as oportunidades surgidas e fizerem alguma coisa com elas, ambos se libertarão e ficarão aliviados do fardo. Entre todas as possibilidades de perdão nas situações de divórcio e separação, esta é a melhor, porque traz harmonia mesmo quando a separação ocorre.*
>
> *Se a separação é dolorosa, há sempre a tendência de procurar*

alguém para incriminar. Os envolvidos tentam aliviar o peso do destino arranjando um bode expiatório. Em regra, o casamento não se desfaz porque um parceiro é culpado e o outro inocente, mas porque um deles está assoberbado por problemas da sua família de origem, ou ambos caminham em direções opostas.

Se se incrimina um parceiro, cria-se a ilusão de que algo diferente poderia ter sido feito ou de que um comportamento novo salvaria o casamento. Nesse caso, a gravidade e a profundidade da situação são ignoradas, os parceiros começam a recriminar-se e a acusar-se mutuamente.

A solução para combater a ilusão e a crítica destrutiva é resignar-se à forte dor provocada pelo fim do relacionamento. Essa dor não dura muito, mas é lancinante. Se os parceiros se dispuserem a sofrer, poderão tratar do que merece ser tratado e dispor as coisas que precisam ser dispostas com lucidez, ponderação e respeito mútuo. Numa separação, a raiva e a censura estão a substituir o sofrimento e a tristeza."

Certo é que os sistemas se atraem e que tudo ocorre perfeitamente de acordo com os ingredientes de cada história, naquele momento. Em nossos relacionamentos as ordens se manifestam nas consequências ou em seus efeitos e, segundo Bert Hellinger, quem conhece tais efeitos pode superar, pela compreensão, os limites das consciências. Por fim, através da expansão da consciência e ressignificação da dinâmica, a cura e a libertação serão consequência certa.

Quando existe prisão emocional, o Amor não flui. Dois seres livres que se amam frutificam o amor, não desconfiam, não culpam, não julgam, não maltratam, não abusam, não machucam... Simplesmente Amam.

O Amor liberta!

Referências bibliográficas

Hellinger, B. **As Ordens do Amor**.

Hellinger, B. **No centro sentimos leveza**.

Hellinger, B. **A Simetria Oculta do Amor**.

Sant´Anna, T. C.; Penso, M. A. Pesquisa sobre A Transmissão Geracional da Violência na Relação Conjugal, da Universidade Católica de Brasília.

3

O atendimento sistêmico para conflitos familiares no Direito de Família

Bianca Pizzatto de Carvalho

Bianca Pizzatto de Carvalho

Advogada desde 1998, com experiência em métodos alternativos de solução de conflitos. É *trainer*, palestrante, criadora de conteúdo e escritora com formação em Psicoterapia Holística, Constelações Familiares e Empresariais, Constelações Estruturais, Reiki, Magnified Healing e Tethahealing. Cocriadora do treinamento de Práticas Sistêmicas no Direito e na Advocacia. Autora do livro *Constelações Familiares na Advocacia: Uma prática humanizada*, e coautora da obra *Um Novo Olhar para o Conflito: Diálogo entre mediação e constelação sistêmica*.

O atendimento sistêmico para conflitos familiares no Direito de Família

Advogar na área de família exige certas habilidades que nem todo profissional sente possuir. Não raras vezes encontramos colegas que relatam as dificuldades enfrentadas com clientes, e a falta de objetividade que envolve o mérito dos processos nesse ramo. As características do direito de família, de certo modo, são peculiares se comparadas com outros campos jurídicos. Talvez por isso o Código de Processo Civil atual criou um capítulo específico para as ações de família.

E por que o termo família provoca tantos dissabores para alguns profissionais de Direito? Se todos nós proviemos de uma família, não seria natural que tivéssemos mais experiência para lidar com os conflitos que acontecem nesse sistema? As dinâmicas que envolvem os relacionamentos dentro de um sistema familiar geralmente não diferem muito de uma família para outra.

Olhar para a energia que envolve as relações familiares é, talvez, encarar as mágoas, as frustrações e as experiências difíceis da própria história familiar. E isso nem sempre é fácil ou agradável, o que me faz concluir que muitos advogados não exercem a profissão nessa área pois assim se afastam dos conflitos pessoais e familiares.

> *"Muitos profissionais se deixam levar pelas questões internas de seus clientes, confundindo vida profissional com vida pessoal. Por certo que ambas fazem parte do mesmo indivíduo, mas há necessidade de estabelecer limites nesta relação."*
>
> Alexia Brotto Cessetti – Coaching para Advogados

O escritório de advocacia é um território de dilemas e conflitos. É incomum um cliente procurar um advogado para compartilhar acontecimentos agradáveis ou revelar que sua vida está maravilhosa, e que tudo está dando certo. Na área de família, então, isso é quase impraticável. Mesmo aqueles clientes que buscam orientação e aconselhamento jurídico, no fundo, querem evitar conflitos, e para isso revelam seus medos e suas crenças limitantes. O Direito de Família tem por natureza uma atmosfera negativa, a qual acaba por envolver o advogado, deixando-o muitas vezes esgotado e insatisfeito com a profissão.

Por outro lado, a Constituição Federal prega que a família é a base da sociedade. E esse conceito traduz que a família tem um peso enorme na sobrevivência das relações humanas e da própria coletividade. Por isso, conviver profissionalmente com as dificuldades e os fracassos dessa instituição não é, efetivamente, tarefa fácil.

Por essas razões, aplicar as normas jurídicas aos conflitos que nascem nesse sistema exige mais do que conhecimento, técnica, boa redação e inteligência. Os conflitos familiares envolvem direitos e deveres da pessoa humana, e estes estão diretamente ligados ao temperamento e ao caráter das pessoas.

O temperamento e o caráter são atributos da personalidade, a qual, segundo Carla Pinheiro, é *"a totalidade relativamente estável e previsível dos traços emocionais e comportamentais que caracterizam a pessoa na vida cotidiana, sob condições normais"*. Acrescentando ainda que *"ela é importante para o Direito na medida em que, para que seja mantida a harmonia social, é necessário que o comportamento do indivíduo não extrapole a moldura normativa".*

Isso nos faz pensar que os demais ramos do Direito, na verdade, tratam de matérias relacionadas ao comportamento humano que foge do limite. Cito como exemplo as inadimplências contratuais; os desajustes nas relações de trabalho; as discórdias nos inventários e arrolamentos; o tráfico de drogas, os homicídios, furtos e roubos; as execuções e cobranças; as indenizações e outras. Todas essas demandas envolvem sujeitos ativos e passivos, que de certa forma não agiram sob condições normais da personalidade.

E onde foram criados e educados esses sujeitos, senão em uma família ou na ausência desta? Ou seja, uma família é uma potencial fábrica de litigantes. Afinal, conceber o indivíduo como sujeito de direitos e deveres exige uma necessária referência à base familiar e social na qual ele vive, o seu contexto histórico, suas crenças, seus hábitos e em especial suas referências e modelos de conduta. A família é uma condição de vida.

> *"É inegável que o seio da família forma os que dela participam. É nela que a pessoa se prepara ou é despreparada para a vida gregária, despoluindo ou recebendo obstáculos no caminho entre seu espaço privado e o espaço público. Mais do que simples pessoas, o objetivo da família é formar cidadãos, não apenas das suas cidades e respectivos países, mas do mundo, para que respeitem a dignidade alheia e tenham a si próprio respeitado."*
>
> *Giselda Maria Fernandes Novaes Hironaka*
> *Tratado de Direito das Famílias*

E, nessa atmosfera de litígios familiares, o Pensamento Sistêmico auxilia o advogado a trabalhar com uma consciência expandida, observando o todo e facilitando muitas vezes a pacificação. E o atendimento sistêmico tem como premissa o conhecimento sobre as constelações familiares sistêmicas e outras linhas de abordagem. Bert Hellinger, criador das constelações, diz que o amor no seio da família pode provocar tanto a doença como a saúde; e que uma pessoa está em paz quando todas as pessoas que pertencem a sua família têm um lugar em seu coração.

As constelações familiares nos transportam a uma nova compreensão dos clientes e seus conflitos. Passamos a vê-los como membros de uma família e sua lealdade a elas. Reconhecemos que outras forças atuam no conflito. E esse reconhecimento acontece quando nós, advogados, abrimos nosso coração às famílias dos clientes, permitindo-lhes entrar em nossos escritórios como uma presença invisível e atuante. As ideias fundamentais de Hellinger do que significa estar inserido no contexto familiar é que nos levam ao atendimento sistêmico.

Ao adentrar no campo das constelações, vemos que os conflitos em grupos ou pessoas ocorrem por causas mais profundas do que meros desentendimentos ou atitudes ilícitas. O conflito tem origem em causas, que um atendimento superficial não é capaz de revelar. A realidade dos litígios na Vara de Família é densa e complexa, e a aplicação das normas jurídicas não alcança essa profundidade. O conhecimento sobre as constelações familiares torna o advogado capaz de ver além do conflito, e com esse novo olhar a advocacia na área de família adquire vitalidade, reconciliação e alegria com as realidades humanas do jeito que são.

Exercer a advocacia utilizando as habilidades e ferramentas do atendimento sistêmico promove mudanças e crescimento mútuos, e esse respeito com a vida do cliente nos aproxima da responsabilidade que temos como seres humanos, que é nada menos do que ser feliz e fazer outros felizes. E o Direito de Família é um dos melhores espaços para cumprir essa missão, porque, conforme dito, harmonizando os conflitos familiares temos a possibilidade de evitar muitas outras demandas judiciais. Um ser humano resolvido com suas questões familiares tende a ter mais equilíbrio e maturidade para agir no mundo de forma lícita e amorosa. E o que falar das crianças que crescem e se desenvolvem em famílias mais equilibradas e resolvidas com seus conflitos? Estamos falando da possibilidade de termos um adulto consciente de seu papel na sociedade.

Na Vara de Família a grande verdade é que os clientes não buscam conhecer os seus direitos, isso é obrigação do advogado expor a eles. O que eles buscam é uma solução para seus conflitos, suas dores, suas tristezas e para isso não basta o advogado expor a lei, ter uma boa comunicação, um confortável escritório ou uma equipe capacitada. Para uma solução que restabeleça a harmonia, a paz e os laços familiares o advogado necessita de habilidades que vão além do conhecimento sobre os códigos e normas. E uma dessas habilidades é o atendimento com base nas leis sistêmicas.

Conhecer as leis sistêmicas – pertencimento, hierarquia e equilíbrio de troca – possibilita ao advogado da área de família atender o cliente com mais liberdade, respeito e acolhimento. Com postura sistêmica, o advogado cria não só um ambiente seguro para trabalhar, como também uma proteção para escutar a dor do cliente, sem que ela invada e abale a sua tranquilidade. Quando somos capazes de acolher o conflito e o destino do cliente, sem intenções ou desejos, adquirimos competências para facilitar a solução.

Com o estudo das constelações familiares, nossa consciência se expande e iniciamos uma jornada repleta de novas possibilidades para atuar na pacificação dos conflitos. Aprendemos a desenvolver posturas e percepções que nos elevam como agentes de aconselhamento e recurso. E, nessa trajetória de estudos, nos deparamos com inúmeras ferramentas para aplicação da abordagem sistêmica em nosso trabalho como advogados.

Matthias Vargas Von Kíbed e Insa Sparrer desenvolveram uma abordagem construtivista para as constelações, dando a ela o nome de constelação estrutural. Nesse formato de constelações, o advogado aprende a utilizar recursos e ferramentas, as quais favorecem a compreensão para o que atua no conflito e na vida do cliente.

Com o uso de âncoras de solo, bonecos, fichas, recortes de papel, cadeiras e outros objetos, o advogado constrói para o cliente a estrutura física do mapa mental que tem de si mesmo, da parte contrária e do conflito. A partir dessa estrutura levamos o cliente a buscar causas, recursos e obstáculos relacionados ao problema jurídico que enfrenta.

Imaginemos um cliente que procura o advogado para se defender em uma ação de alimentos proposta pelo filho. No atendimento sistêmico, o advogado não se limita a identificar as leis positivadas que possam influenciar no resultado satisfatório para o cliente. Na abordagem sistêmica, o advogado acolhe a família do cliente e avalia quais leis sistêmicas atuam. No sistema familiar do cliente, são levadas em consideração todas as partes envolvidas no conflito: o filho, a mãe, e até mesmo os avós. Isso se mostra necessário e útil, uma vez que estamos diante de um fato jurídico – abandono material – que tem ligação direta com o vínculo familiar. De um lado o filho que quer algo do pai e de outro o pai que, talvez, não olha para o filho.

Segundo Hellinger, os pais dão e os filhos tomam, e nessa ordem os filhos não têm o direito de exigir nada, apenas tomam aquilo que seus pais têm para oferecer. E, nessa compreensão, algumas percepções surgem em relação ao caso prático, pois podemos estar trabalhando tanto com um filho em desequilíbrio na ordem de hierarquia, como diante de um pai com dificuldades no dar e tomar. Suponhamos que esse pai, quando criança, não recebeu nada de seu pai ou, até mesmo, não teve pai. Seria ele um adulto capaz de oferecer aos filhos algo que não recebeu? E, nessa suposição, teria a lei suficiente compreensão dos fatos para julgar esse pai?

E o que ajuda? No atendimento sistêmico com esse cliente podemos, a partir de metaperguntas, identificar os movimentos inconscientes que operam no conflito. No livro *Coaching para Advogados*, a advogada e *coach* Fabiana Quezada diz:

"*Saber o que e quando perguntar é uma arte. Para Michael Hall (2012), uma pergunta no tempo certo, perfeitamente formulada, é a chave para explorar o mundo interior de uma pessoa, sua representação e significado. Poderá remover barreiras, desbloquear informações ocultas e trazer à tona insights que potencialmente mudam a vida. É realmente uma habilidade que pode ser desenvolvida com concentração e prática*".

A partir das respostas do cliente às perguntas, o advogado tem a possibilidade de construir um campo, no qual estão inseridos e representados os elementos do conflito. Vejamos:

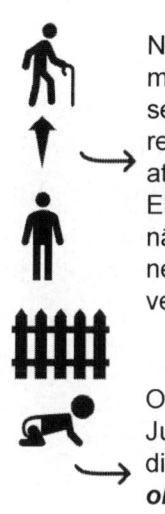

Nessa relação o homem ainda olha para seu pai como criança, reivindicando amor, atenção e cuidado. Ele está no passado, não está presente e nem disponível para ver o filho.

O filho entra na Justiça como quem diz: **"*Pai, por favor, olhe para mim. Eu sou seu filho. Eu preciso de você*"**.

Nessa relação o homem não olha para seu pai, o rejeita, exclui e não concorda com a forma como ele deu amor, atenção e cuidado como pai. Ele está na postura de reivindicação.

O filho entra na Justiça porque não concorda com o que o pai oferece, como quem diz: "Assim como você, eu também exijo mais do meu papai".

Nesse atendimento, uma forma de conduzir o cliente para a solução é levá-lo a olhar para a relação com seu pai, tomando dele o que foi, do jeito que foi, sem reivindicações, e concordando que o importante é a vida que recebeu de seu ancestral, e que agora transmitiu a seu filho. Nesse atendimento, por exemplo, o advogado pode utilizar objetos que representam o cliente, seu pai e o filho, através dos quais o cliente olha para seu pai e diz: *"Querido papai, eu tomo tudo de você, do jeito que foi. Eu sou grato pela vida. E isso me basta"*. Removendo as barreiras do passado, o cliente se sente livre para curar sua criança interior e assim, como adulto, olha para seu filho e diz: *"Querido filho, eu olhava para o meu papai e não para você. Agora, eu vejo você"*.

As responsabilidades da vida adulta dependem muito do que recebemos de nossa família de origem. Estar preparado para enfrentar as experiências como ser adulto exige de nós a capacidade de concordar com as experiências vividas, acolher os legados emocionais de nossa ancestralidade, e com a necessidade de ocuparmos o nosso lugar no sistema familiar.

Em relacionamento de casal, especificamente falando de dissoluções de vínculos conjugais, através do atendimento sistêmico eu posso observar as lealdades parentais invisíveis. E o que isso significa? Lealdade parental é a fidelidade que os filhos, mesmo adultos, têm com seus pais. Uma criança aprende o significado das coisas a partir do que recebe de informações na sua família, seja por palavras ou modelos de comportamento. E uma criança que cresce em um ambiente familiar no qual estão inseridos casais com constantes conflitos compreende, a partir desses modelos, que casais brigam, casais discutem, casais se separam.

Na vida adulta, por mais que consiga estabelecer relações saudáveis, às vezes essas memórias da infância vêm à tona e aquela criança, agora adulta, acaba inconscientemente se comportando em conformidade com suas memórias, ou seja, sendo fiel aos seus pais e agindo de forma a provocar os conflitos. Outras vezes, é natural que essa mulher busque parceiros com comportamentos que fazem sentido para o significado que ela tem registrado como modelo de companheiro. Assim, ela pode ser fiel à mãe se relacionando com um homem parecido com o seu próprio pai, por exemplo. Eu digo isso porque muitas vezes atendi clientes em estado de semidissolução conjugal e com a abordagem sistêmica foi possível observar a dinâmica oculta da lealdade parental.

E, com esse atendimento, o cliente permanece casado? Não exatamente. Muitas vezes a repetição do padrão familiar gerou tamanha tensão que o relacionamento chegou ao fim. O que ocorre é que essa expansão de consciência retira do conflito a armadura dos sentimentos secundários, tais como ódio, rancor, desejo de vingança, em virtude de que é possível para o cliente perceber a sua corresponsabilidade pelo fracasso matrimonial.

O que se mostra no Direito de Família é um padrão de comportamentos, os quais se repetem e se tornam recorrentes nas relações. E as leis sistêmicas se aplicam a todas as questões de relacionamento, seja de pais com filhos, de filhos com pais, entre irmãos, cônjuges e outros. O atendimento sistêmico é útil para identificar aquilo que falta, incluir o que está excluído, separar o que está misturado, restabelecer as relações pela ordem, hierarquia e equilíbrio de troca, aliviar as tensões e favorecer a tomada de decisões inteligentes e conscientes.

Nessa ordem, algumas frases e palavras podem ser utilizadas, tais como:

Aos pais e parceiros dizer:

- Obrigado
- Por favor
- Sinto muito
- Você é você. Eu sou eu.

Por isso tudo, o atendimento sistêmico facilita soluções para as famílias envolvidas em conflito, e que buscam ajuda para restabelecer o equilíbrio e a paz. A união das habilidades adquiridas com o Direito e com as ferramentas adquiridas com as constelações faz do advogado um profissional singular. Habilitado para solucionar o conflito, o advogado pode provocar efeitos não apenas no processo, mas também na vida do cliente, evitando, muitas vezes, que ele volte a experimentar novos conflitos.

Estar a serviço da pacificação social é estar conectado à verdadeira natureza da advocacia, que segundo o mandamento oitavo do advogado é *"ter fé no Direito como o melhor instrumento para a convivência humana; na Justiça, como o destino natural do Direito; na paz, como substitutivo benevolente da Justiça; e, sobretudo, ter fé na liberdade, sem a qual não há Direito, nem Justiça, nem paz"*. E nessa função o que importa não é só o nosso sucesso ou nossas vitórias como advogados, mas em especial a nossa missão como seres humanos, e, como diz Bert Hellinger, *muitas vezes a boa solução é difícil, pois nos faz perder a importância.*

Referências bibliográficas

HELLINGER, B. **Ordens do amor**. São Paulo: Cultrix, 2010.

HELLINGER, B. et al. **O mundo das constelações:** 31 perspectivas internacionais. São Paulo: Conexão Sistêmica, 2013.

PINHEIRO, C. **Psicologia jurídica**. São Paulo: Saraiva, 2013.

PRADO, A.; ROMA, A.; QUEZADA, F.; VITORIA, T. **Coaching para advogados:** Guia prático de desenvolvimento para advogados e estudantes de Direito. São Paulo: Leader, 2014.

TRATADO DE DIREITO DAS FAMÍLIAS. IBDFAM – Instituto Brasileiro de Direito de Família. Belo Horizonte: IBDFAM, 2016.

4

Pensamento sistêmico na Advocacia

Gracilia Herminia Amorim Portela

Gracilia Herminia Amorim Portela

Brasileira, solteira, advogada, formada em Direito pela Faculdade Cândido Mendes do Rio de Janeiro, pós-graduada em Direito Tributário pela CEU LAW SCHOOL de São Paulo e doutoranda em Ciências Sociais e Jurídicas pela UMSA (Universidad del Museo Social Argentino). Pós-graduada em Direito Sistêmico pela Faculdade Innovare de São Paulo – credenciada pela Hellinger Schule da Alemanha.

Atua como advogada na área do Direito Imobiliário, Tributário e Empresarial no Rio de Janeiro, sendo professora e palestrante em diversas universidades federais, estaduais e particulares tanto no Brasil como no exterior.

Atualmente dá aula de "Oratória Sistêmica" no projeto educativo "Pro-Florescer" no Jardim Botânico do Rio de Janeiro, onde faz trabalho com adolescentes em risco, trazendo o Pensamento Sistêmico como inovação modular na fala. Introduziu o referido pensamento também na gestão esportiva, em que desenvolve projeto com este foco de alto rendimento.

Desenvolve ainda as dinâmicas sistêmicas nas mais diversas áreas jurídicas, atendendo a solução de demandas sociais de todo gênero.

Pensamento sistêmico na Advocacia

1. O início de tudo

Faz algum tempo que, na condição de advogada, questiono as relações, não só interpessoais, do Judiciário, como a sua própria finalidade, direcionamento, formatação e objetivo como órgão realizador de efetiva Justiça.

Foi envolta em uma série de questionamentos que, aos poucos, caminhei à procura de soluções que pudessem, pelo menos do ponto de vista do bem comum, trazer a efetiva Justiça, já que esta, para a qual me preparei na universidade, há muito tinha deixado de existir, não só pelas características que o Poder Judiciário tomou, com sua morosidade excessiva, com a quantidade de demandas existentes, como pela qualidade que via nos julgamentos, na aplicação da Lei, na irracionalidade das relações humanas que permeavam o Judiciário, e na pouca efetividade de soluções que se apresentavam aos problemas litigiosos.

Muito embora tenha sido criada numa família católica, ao longo da vida abstraí alguns dogmas e rituais católicos, entretanto, nunca abandonei a fé em algo maior energeticamente, que com o passar dos anos me levou a crer que tudo, absolutamente tudo, provém de ligações familiares, heranças ancestrais, movimentos e conceitos introduzidos em nossa criação, tudo misturado com uma boa pitada de movimentos direcionados a elementos que neste percurso vamos encontrando e temperando lá e cá com a nossa própria intuição e consciência.

Buscando achar o caminho do meio na realização do ofício de advogada, dava palestras para alunos de universidade do curso de Direito, e via que todos estavam ali se preparando para concursos públicos em busca da tal estabilidade financeira, sem que isso necessariamente passasse pela vocação.

Já nessas palestras sentia que a juventude se preparava para uma profissão absolutamente no escuro, muitas vezes sem nenhuma vocação interna, manejando estudos vestibulares ou seletivos para universidades com base em pontuações criadas por órgãos de gestão educacional, pontuações essas que sequer avaliavam a condição real de cada estudante *"di per si"* para aquela ou outra profissão.

Lembrei-me logo da minha tese de pós-graduação em Direito Tributário, na qual me insurgia contra a tributação algoz do Estado sem a efetiva contrapartida, tudo isso com base na *"Desobediência Civil Tributária"*, cujo maior lema era: ...**"Deixo de cumprir com minhas obrigações impostas pela tributação, porque não recebi minha efetiva contrapartida".**

Ou seja, de certa forma, começava mais uma vez a questionar para onde eu caminhava, numa sociedade onde a cobrança era máxima, os estudos pouco aprofundados, a vocação era deixada de lado, em prol da cultura de uma pontuação para se chegar à universidade, sem se dar importância alguma ao que realmente aquele universitário queria como profissão.

Assim nasce o estudante que pensa somente em ter determinada pontuação, para passar em uma universidade, sem se importar em qual curso estará, seja Farmácia, Letras, Medicina, Direito ou qualquer outro, até porque o que importa é passar no Enem, mesmo que sem amar a profissão!

Diante deste quadro terrível, onde sucumbia à formação nos bancos universitários, comecei a me dar conta de que estava diante de uma incógnita tremenda: para onde caminha o Direito? Para onde caminho? Do que eu e a sociedade nos afastamos?

Obrigatoriamente me veio à mente **Henry David Thoreau** em seu livro **Walden ou A vida nos bosques**[1], no qual, através de uma vida espartana no meio de uma floresta, traz à tona questionamentos sensíveis e extremamente conectados: *"... Com minha experiência aprendi pelo menos isso: que se uma pessoa avançar confiantemente na direção de seus sonhos, e se esforçar por viver a vida que imaginou, há de se encontrar com um sucesso inesperado nas horas rotineiras. Há de deixar para trás uma porção de coisas e atravessar uma fronteira invisível; leis novas, universais e mais abertas começarão por se estabelecer ao redor e dentro dela; ou as leis velhas hão de ser expandidas e interpretadas a seu favor num sentido mais liberal e ela há de viver com a aquiescência de uma ordem superior de seres. À medida que ela simplificar a sua vida, as leis do universo hão de lhe parecer menos complexas, e a solidão não será mais solidão, nem a pobreza será pobreza, nem a fraqueza será fraqueza. Se construíres castelos no ar, não terá sido em vão vosso trabalho; eles estão onde deviam estar. Agora colocai os alicerces por baixo".*

Neste momento senti a MORTE se aproximar de mim! Estava certa, o caos havia chegado a minha vida profissional, quiçá no mundo extremamente moderno e conectado, e tudo aquilo que havia angariado em anos de profissão, como prestígio, dinheiro e clientes, já não parecia me encantar, e pior do que isso, eu já não me sentia capaz de trazer Justiça para quem me contratava, estava absorta em um mundo pouco justo, e observava lentamente a decrepitude dos modelos, antes tidos como bonitos e valorosos.

---

[1] **Thoreau Henry David** – Pag. 309. *Walden ou A vida nos Bosques, e A desobediência Civil*. São Paulo: Aquariana, 2001.

Iniciei minha busca a todo custo, chegava ao escritório acelerada, dolorida por dentro, já não era mais aquela advogada sonhadora, combativa, que chegava aos Tribunais querendo Justiça, e pensando que amava seu ofício acima de tudo. Estava esgotada! Não conseguia mais fazer peças processuais brilhantes, sentava à frente do computador e a primeira coisa que vinha à mente era: "Para que vou escrever este recurso? Ninguém irá ler com a necessidade que meu cliente precisa". Nascia assim a ideia de abandonar a advocacia, mesmo ganhando dinheiro, mesmo tendo inúmeros clientes. O sistema começava a se tornar inviável e eu infeliz no que fazia.

A corrupção era aviltante. Os envolvidos muitas vezes vinham do próprio Poder Judiciário, e quem teoricamente era pago pelo Estado para dar Justiça acabava servindo a outro objetivo, que passava longe da sua finalidade.

2. As contingências em olhar o mundo de maneira sistêmica

A partir de toda insatisfação observada no contexto profissional da advocacia, migrei para uma atividade que, embora fosse de advogada, passava ao largo do Judiciário, me vi, assim, devidamente entrosada na realização de assembleias condominiais de instalação de prédios novos, que eram entregues pelo empreendedor imobiliário aos condôminos proprietários que adquiriram suas unidades habitacionais a custo de muito suor (desde estagiária trabalhava para o mercado da construção civil e imobiliário, que foi minha escola).

Neste diapasão, comecei a observar que eu presidia as reuniões assembleares com muito tato, assertividade e conclusão rápida e efetiva, mas também, nem sempre agradava a *"gregos e troianos"*, muitos compradores às vezes se sentiam aviltados nas reuniões, em alguns casos lesados pelo empreendedor e seus ajudantes, categoria esta última em que eu acabava me incluindo.

Desta feita, comecei a observar de forma sistematizada que na maioria das vezes os clientes traziam para a mesa da presidência dessas reuniões (que eram conduzidas por mim) questões intimamente ligadas a sua realidade familiar, seus problemas oriundos muitas vezes de pai e mãe, e tornou-se inevitável, isso nas reuniões que eram feitas com os empreendedores antes das assembleias de entrega, fazer uma análise do empreendimento do ponto de vista *sociopsicológico.*

Recebia o pedido de orçamento da construtora para condução de determinada assembleia, e já nesta oportunidade, antes mesmo de passar o orçamento, indagava coisas que nenhuma advogada perguntava, tais como: "Temos um condômino líder no empreendimento? Há o brigão? Temos lá o desagregador? O psicopata?" E, dentro desta dinâmica, não só dava o valor de meus honorários, como já identificava o grau de dificuldade da reunião.

Em várias oportunidades, observava a forma como determinado cliente falava da questão de sua lesão patrimonial perante o empreendedor, e esta forma, invariavelmente, parecia com a *cena de um filho queixando-se ao pai.*

Daí para frente, foi fácil constatar que talvez a condução ficasse mais célere se eu, na condição de presidente da mesa, pudesse fazer com que aquele cliente fosse efetivamente *ouvido em seu íntimo desejo*, pois tudo que ele queria naquele momento era isso, *ser ouvido plenamente.*

Então, com base nesta observação, comecei a levar para as construtoras a hipótese da abordagem terapêutica, pois tudo que o cliente precisava era ser entendido, de alguma maneira ser ouvido, e tal prática com toda certeza retirava a tensão da reunião, e fazia com que os temas da pauta fossem votados de maneira mais célere e com a aquiescência dos presentes.

Mas como fazer isso com uma assembleia de 800 proprietários? Como fazer tratamento terapêutico em cada um deles no *hall* de entrada?

Trouxe para meu escritório a introdução do atendimento com base no Renascimento, contratei a terapeuta **Nara Louzada**[2], formada em **Rebirthing**[3] (também conhecido como Renascimento) e a levava para as construtoras como opção de orçamento em paralelo para que a mesma pudesse me auxiliar no traçado do perfil psicológico daquele empreendimento. Nascia assim minha maneira sistêmica de olhar o cliente, seus problemas e soluções, assim como efetividade, *só que eu ainda não sabia disso!*

3. A necessidade de uma educação sistêmica progressiva

Com base nesta nova metodologia de trabalho, comecei a mergulhar profundamente na análise quase que terapêutica dos meus clientes, e a ver que todos, mas todos, sem exceção, vinham ao meu escritório à procura de um alento, e não propriamente de uma vitória. Alguns tinham sede de vingança, outros tinham medo, e muitas vezes nem queriam a briga, mas se viam, de forma inusitada, emaranhados em problemas judiciais.

Após o sucesso das assembleias amparadas por trabalhos terapêuticos na sala de espera das reuniões dos empreendimentos que eram entregues, comecei a tentar com cada cliente *"di per si"* a formatação de acordos antes de ajuizar as ações e, além da tentativa terapêutica feita com a abordagem da técnica do **Rebirthing**, me lancei na universidade numa nova pós-graduação, desta feita incentivada pela mesma terapeuta e amiga que me auxiliava no meu escritório com as reuniões

---

[2] Terapeuta Comportamental, mestre em Ciências Sociais, professora e palestrante no Rio de Janeiro.
[3] **Rebirthing** (também conhecido como **Renascimento**) é um método terapêutico desenvolvido por Leonard Orr na década de 1970, e baseia-se em elementos onde o cliente é analisado, entre outras coisas, por fatos ligados ao seu parto e nascimento.

antes mencionadas, mas agora na área do **Direito Sistêmico**[4], que, segundo ela, tinha como base a Constelação Familiar desenvolvida por **Berth Hellinger**[5].

Se já não era considerado comum o atendimento às construtoras com terapeuta na antessala, imagina agora o que falariam de mim atendendo clientes com técnicas vindas de um terapeuta alemão, com base na ancestralidade, onde deveriam ser observadas "leis" - ordens, que não aquelas que aprendi na universidade? Como uma advogada oriunda de formação tradicional, que teve professores racionais, em que não havia espaço para devaneios, considerada no mundo jurídico como aguerrida, combativa, quase bélica, ia se render a técnicas nem um pouco ortodoxas, mas que a mim se mostravam instigantes e transformadoras? SIM, EU DISSE SIM A TUDO ISSO!

A partir de então, mergulhei num caminho que não tinha volta, entrei num mundo absolutamente diferente, no qual perder não necessariamente era ficar sem, onde ganhar às vezes não era lucrar. Comecei a ver que este novo mundo do **Direito Sistêmico**, essa nova advocacia, passava por uma reeducação não só minha, mas da profissão **"ser advogada"**, e nisso estavam incluídos todos aqueles ligados ao Judiciário: juízes, serventuários, peritos, cada um no seu papel, no seu lugar, todos pertencendo ao mesmo sistema, sem exclusão de ninguém. Passei a ressignificar os símbolos e dogmas anteriores, mudar a filosofia de tudo, e reaprender a andar num mundo absolutamente diferente. Foi voltar a pertencer ao humano, afinal de contas, tinha feito vestibular para DIREITO, área considerada de HUMANAS, e tudo que vinha fazendo até então poderia se classificar como

---

[4] Direito Sistêmico é a denominação criada pelo juiz Sami Storch (Bahia - BA) para denominar o uso da técnica Constelações Familiares, sistematizada por Bert Hellinger, no âmbito do Judiciário brasileiro, assim como o uso de posturas sistêmicas Hellingerianas na solução de conflitos judiciais.

[5] Anton "Suitbert" Hellinger (Leimen, 18 de dezembro de 1925), conhecido simplesmente como Bert Hellinger, psicoterapeuta alemão, organizador do método das Constelações Familiares.

"qualquer coisa", menos ter uma atitude mais humana, pois todos nós, sem exceção, que formávamos o sistema judicial, tínhamos nos afastado do HUMANO. Precisava ganhar novos contextos, necessitava-se de algo muito maior que não tinha somente um nome. **FALAVA EU DA ALMA.**

4. As mudanças de paradigmas no meio jurídico. O cliente e o litígio

Comecei a pós-graduação em Direito Sistêmico na **Faculdade Innovare**[6] em São Paulo, e a partir daí vieram todos os paradoxos possíveis em relação à aplicabilidade das Constelações Familiares aos casos concretos. Cada vez mais entendia que não se tratava de uma mera técnica ou de um novo ramo do Direito. Estava diante de uma nova ciência, uma nova forma de olhar o todo, era simplesmente uma MUDANÇA DE PARADIGMA.

Passada a primeira parte básica do curso, comecei a praticar de forma ainda embrionária as Constelações na minha vida cotidiana e dando um salto quântico. Junto com alguns alunos da segunda turma de pós-graduação da **Faculdade Innovare,** criei um grupo que por votação denominamos de **ABDSist – ACADEMIA BRASILEIRA DE DIREITO SISTÊMICO**, que assim como as demais academias existentes nada mais é do que um lugar comum ao desenvolvimento científico e acadêmico de algo muito inovador do qual passamos a fazer parte, mas ainda sem a real noção do seu alcance.

A própria formação da **ACADEMIA** foi algo inusitado, pois de forma surpreendente nós, ***pós-graduandos em Direito Sistêmico***, estamos ligados umbilicalmente, sem nenhum vínculo efetivo de contrato, mas fazendo parte de um mesmo sistema de pensadores e juristas comprometidos com um bem muito maior do que somente fazer Justiça, estamos comprometidos com a Grande Alma.

---

[6]. A Faculdade Innovare é representante exclusiva da HELLINGER SCHULE e da HELLINGER SCIENCIA no Brasil.

Houve discussão de todo tipo quando desta formação. Alguns questionavam para que serviria aquele agrupamento. Outros queriam saber do que se tratava e qual seria o benefício que teriam em se associar. Eu não sabia a resposta. Apenas dizia para todos: "Quem quiser venha, se não se sentir confortável não venha, tudo ao seu tempo". E muitos vieram e ainda estamos juntos. Sabemos que temos um longo caminho, que provavelmente será perseguido em conjunto, não sabemos ainda como será, mas tem força, e nos faz cada dia renovar os votos de que estamos conectados!

Era muito difícil raciocinar sistemicamente como advogada. Advogada faz cálculos e vê lucros. Advogada tem razão, norte e obediência à literalidade na interpretação e aplicabilidade da Lei. E agora? Como dizer para o interno e para o externo que as coisas mudaram?

Tive um colega que toda vez que me via dizia assim: "Então como está a **macumba jurídica**?" E do meu lugar dizia: "Sei que para você é difícil". Comecei a entender que para ele era assim. E passei a não mais retrucar. Olhava-o com amor, tentando apenas dizer: "Sim, sei que para você é difícil". Impressionantemente ele tornou-se acadêmico. Ainda retruca um pouco. Mas já não como antes. Ele encontrou seu lugar ali, assim como vários outros acadêmicos. Mudei muito, por não terem mais sentido muitas coisas em que acreditava. Sigo honrando e agradecendo cada coisa nova que me é apresentada. Cada constelação que é feita em sala de aula, cada constelação de que posso participar e fazer, a cada dia que passo com os clientes, mas sem dúvida alguma foi necessário soltar as amarras. Com este novo olhar sistêmico sinto que todos os acadêmicos e novos consteladores, incluindo eu, caminhamos para um novo formato do Direito, cada um do seu lugar.

Quando sugerida a Constelação, não há necessidade de convencer o cliente de seus efeitos ou de impor fazê-la. Ele tem que sentir no coração.

Sempre digo que o cliente tem que passar inicialmente pela experiência de um atendimento sistêmico para abrir o peito e gritar SIM, EU QUERO FAZER DESTA FORMA!

Não se convence o cliente de que ele tem um bom litígio para ser curado com Constelação. O cliente é que, sentindo o peso que aquele litígio lhe causa, tem a necessidade de um atendimento sistêmico e aceita assim proceder.

Na maioria das vezes, para não dizer em todas as vezes, muitos clientes trazem consigo um emaranhamento familiar de muita dor, pois o tema somente chega ao Judiciário quando emaranhadas, enroscadas todas as linhas num nó sem fim.

Não há uma fórmula para que dê certo o atendimento jurídico sistêmico. Cada caso deve ser visto de forma singular. Mas, o fato é que todas darão certo.

O que existe é uma melhor adaptação do advogado sistêmico a essa ou aquela técnica. O principal é que, escolhida seja lá qual for a técnica de atendimento – âncoras, boneco, presencial, em grupo ou individual –, o advogado tenha sensibilidade suficiente para aplicar as ordens apresentadas na metodologia sistêmica criada por Bert Hellinger ao caso do cliente, sempre sem julgamentos de qualquer natureza e sem obrigações de resultados.

Até porque, através da postura da advocacia sistêmica, devemos nos manter insólitos, imparciais, sem expectativa de obter resultados, do contrário infringiríamos uma das ordens, sentindo superioridade em relação ao cliente. Ademais, a advocacia sempre foi **atividade de meio**, e como tal é no **meio** que sentimos leveza.

Conclusão

O Pensamento Sistêmico nada mais é do que a volta ao natural, a maior condição prevista na existência do homem, a sua própria HUMANIDADE. O apóstolo Paulo de Tarso escreveu, em sua Epístola aos Romanos, 2:14-15: "Os pagãos, que não têm a lei, fazendo naturalmente as coisas que são da lei, embora não tenham a lei, a si mesmos servem de lei; eles mostram que o objeto da lei está gravado nos seus corações, dando-lhes testemunho a sua consciência, bem como os seus raciocínios, com os quais se acusam ou se escusam mutuamente."[7]

Todas as leis humanas deveriam, pois, ser medidas pela sua conformidade com o Direito Natural e agora com o também Direito Sistêmico. Uma lei injusta não seria, portanto, lei. O Direito Natural se assemelha em muito ao Direito Sistêmico hoje oriundo dessa nova forma de pensar, já que podemos, assim, não apenas observar a validade moral de diversas leis, mas também determinar o que as leis querem dizer em consenso com o passado e a história de cada ser humano.

O Direito Natural, assim como o Sistêmico, é intrinsecamente deontológico pelo fato de, apesar de ter como alvo a origem da humanidade, estar completamente focalizado no caráter ético das ações, em vez de enfocar as consequências. O conteúdo específico do Direito Natural, assim como do sistêmico, portanto, está determinado por uma concepção de felicidade e pertencimento. O Estado, vinculado pelo Direito Natural nos séculos antigos, era concebido como uma instituição, cujo propósito era levar os seus súditos à verdadeira felicidade. Bento XVI, papa até 2013, já na sua "Mensagem para a Jornada Mundial da Paz" do ano de 2007, afirma: "A Declaração Universal dos Direitos Humanos é vista como uma espécie de compromisso moral assumido por toda a humanidade. Isto encerra uma verdade profunda, sobretudo se os direitos humanos descritos na Declaração são considerados como detentores de fundamento não simplesmente na decisão da assembleia que os aprovou, mas na mesma natureza do homem e na sua inalienável dignidade de pessoa criada por Deus."[8]

---

[7] www.bibliacatolica.com.br/biblia-ave-maria/romanos/2/
[8] JAFFA, H. V. *Thomism and Aristotelianism*

Portanto, tenho que a maior fonte do Direito Sistêmico está ligada ao próprio conceito de toda a humanidade e sua própria história, posto que a maioria dos cidadãos e seu passado torna-se a fonte da própria lei civil a qual fomos instados a estudar, e neste caso as constelações familiares observadas por Bert Hellinger podem sim subir ao patamar de fonte do Direito Sistêmico e corroborar assim o novo PENSAMENTO SISTÊMICO a que esta nova advocacia leva.

5

Mediação Sistêmica

Leonardo Romero da Silva Santos

Leonardo Romero da Silva Santos

Graduado em Direito pela Universidade do Vale do Paraíba (Univap); pós-graduado em Direito Civil e Processo Civil pela Universidade Municipal de Santa Catarina (USCS); pós-graduando em Direito de Família e Sucessões pela Escola Damásio de Jesus. Conciliador e mediador reconhecido pelo Conselho Nacional de Justiça; presidente da Comissão de Conciliação, Mediação e Arbitragem da 36ª Subseção da OAB de São José dos Campos - SP. Docente em cursos de Capacitação de Mediadores, constelador familiar capacitado pela Sociedade Brasileira de Direito Sistêmico (SBDSIS); coordenador e docente da mesma instituição.

Mediação Sistêmica

No mundo atual da advocacia muito se fala em meios alternativos de solução de conflitos, uma modalidade não tão nova como se pensa, porém, com uma repercussão bastante grande após a Resolução 125/2010, do Conselho Nacional de Justiça, em que retrata as figuras da Mediação e Conciliação, tanto na esfera Judicial como na Extrajudicial. E foi corroborada a prática com o Código de Processo Civil de 2015.

Muitos operadores do Direito se indignam com a modalidade de Mediação, e neste capítulo vamos tratar tudo como Mediação, não realizando a distinção com a Conciliação, se é que realmente existe, o que em minha opinião não passa de mera formalidade e conceito, o que importa mesmo é a prática e a atuação do mediador perante o conflito e as partes.

Infelizmente muitos profissionais ainda são da época em que as faculdades de Direito no Brasil ensinavam aos alunos que bons profissionais seriam aqueles que fossem combativos, e assim representassem o cliente de forma que quase deveriam fazer Justiça com as próprias mãos. Advogado bom é aquele que "briga" pelo cliente e vai até a última instância se necessário para então alcançar o propósito da parte, tornando-se algumas vezes questão de honra para o advogado.

Com o passar do tempo nota-se uma modificação no mundo jurídico, e o litígio começa de uma forma muito sutil a perder levemente sua força. O Judiciário, através do abarrotamento de processos, onde já não se dá mais conta de julgar em tempo hábil, passa a deixar os cidadãos litigantes em situação vulnerável, pois demandas que deveriam durar no máximo seis meses passam a durar seis anos, para mais. Conflitos ganhando mais força sem ninguém para intervir, partes não têm mais qualquer tipo de comunicação, resolvendo ou tentando uma solução através dos advogados, que por sua vez também começam a litigar com os colegas de profissão, pois não abrem mão daquilo que se tornou seu objetivo com determinada demanda judicial.

Neste momento, surge então a possibilidade e uma forma de amenizar para os magistrados, Ministério Público, Setor Técnico, entre outros, os meios alternativos de solução de conflitos, e o mais importante, a Mediação. Profissionais de qualquer área de atuação podendo colaborar com sua experiência e olhar não tão técnico, e mais humanizado. Advogados aderindo aos Cursos de Capacitação em Mediação e aprendendo a lidar com os conflitos de seus clientes de forma diferente, sem a sede de vitória ou até mesmo vingança.

O caminho foi e continua sendo árduo, mas aos poucos as coisas vêm acontecendo e os profissionais começam a compreender que o litígio só deve acontecer para os casos que realmente necessitam de uma decisão judicial através da sentença, que sem isso as partes não chegariam a um consenso.

Não pode deixar de ser retratado aqui o trabalho dos CEJUSCs – Centro Judiciário de Solução de Conflitos e Cidadania, que recebem as demandas judiciais encaminhadas pelo Poder Judiciário para a tentativa da solução de determinado conflito e que têm conseguido muitos êxitos. E, até mesmo sem o famoso acordo firmado ali no momento da sessão de Mediação, as partes voltam para casa no mínimo refletindo sobre o que foi ouvido naquele momento. A condução do mediador, falas que talvez não tenham sido ouvidas pelas partes passam a abrir a possibilidade da resolução do conflito posterior à sessão de Mediação, composto pelas próprias partes, o que seria o mundo ideal.

Mesmo diante de uma grande rejeição pelos operadores do Direito, mediadores, advogados mediadores e principalmente o Poder Judiciário continuaram caminhando, e os meios de solução de conflitos começaram cada vez mais a ganhar forma e força. Neste momento nos deparamos, então, com a prática sistêmica dentro do Judiciário. E aquilo que ainda era novo para quase a totalidade dos profissionais ganha uma nova forma de abordagem.

Por meio da utilização do pensamento sistêmico, o profissional, e não necessariamente somente advogados, passa a atuar com olhar humanizado para as partes, processo, conflito e Poder Judiciário, ou seja, observando o que realmente tem por trás de todas as informações trazidas pelo cliente. Será que aquele pedido de divórcio é somente baseado no que o casal enfrentou durante o matrimônio? A não permissão para a visitação é somente por falta de pagamento de pensão? O não cumprimento do acordo trabalhista foi somente pela não condição da reclamada? A demissão de vários funcionários é somente porque a empresa encontra-se em crise? Essas são algumas entre outras infinitas situações que todos os advogados de todas as áreas existentes se deparam no dia a dia.

Vivemos um momento de resgate pela essência do ser humano, por muito tempo deixamos de ser vistos como pessoas, e nos tornamos números, metas, objetivos e isto é mais nítido quando se fala em demanda Judicial. Profissionais desde o início do atendimento até a obtenção da Sentença, com olhar para o cliente de nº X, honorários no valor X, processo nº X, Sentença nº X, meta nº X, onde está a pessoa neste momento? Aquele que realmente está sofrendo por aquela situação, que tem sentimento envolvido, pensamentos, esperanças e expectativas. Muitas vezes essa parte foi esquecida, deixada de lado e, por este motivo, quantos processos com Sentença Totalmente Procedente, advogados famosos por não perder nenhuma demanda não conseguem deixar o cliente tão satisfeito quanto se imaginou? E por que isto acontece? Será que este cliente não buscava apenas alguém que realmente o visse e ouvisse?

Diante desta situação, profissionais buscam aperfeiçoamento, afinal, operadores do Direito devem estar sempre atualizados e acompanhando as novidades, e aí aqueles profissionais que antigamente eram apenas advogados se tornam advogados-mediadores e agora advogados-mediadores-sistêmicos, ou somente advogados sistêmicos. Passam a entender o cliente, a ouvi-lo, tudo através da empatia e desta forma deixa de pegar a causa para si, pois o advogado sistêmico já sabe que o caso do cliente é do cliente, e que ele não salvará esta pessoa da situação em que ela se encontra, mas será um facilitador na condução da melhor solução para o caso.

Depois que me tornei advogado sistêmico, além de apenas anotar as informações, passei a ouvir o que realmente o cliente me passava sobre aquele conflito, a fazer questionamentos sobre o caso, tentar entender realmente todo o contexto, pois assim possivelmente passamos a nos conectar com a realidade dos fatos e visualizamos que a postura do nosso cliente talvez fomente o conflito e não o contrário. Neste momento, através das questões direcionadas e de forma branda ampliamos a consciência do cliente, e no mínimo tentamos demonstrar que em tudo que ocorre na vida cada parte envolvida tem sua parcela de responsabilidade, que muitas vezes, ou quase na totalidade das vezes, não é percebida ou não dita.

Não é uma questão de fazermos o cliente se sentir culpado ou totalmente responsável pela situação, mas, sim, ele por ele mesmo encontrar uma melhor solução para o conflito.

Não significa que o advogado deixará de entrar com o processo, executar seu trabalho e receber seus honorários. É simplesmente uma forma de atuação do profissional de forma consciente, e mais, com o cliente também com consciência, não é transferida toda responsabilidade do caso para a outra parte, fazendo com que este processo talvez demore anos para ser resolvido, sendo que poderia ser solucionado de uma forma mais coerente e assertiva pelas próprias partes, logicamente com a condução e orientação do advogado, mas de forma que realmente haja a execução do acordado pelos interessados. Pois, do contrário, são acordos formalizados meramente "da boca pra fora", não cumpridos e assim mais e mais processos.

Através de todo o exposto, chega-se à atuação da Mediação Sistêmica, ou seja, o mediador também tem o olhar humanizado, sabe que naquela sessão não é só mais um processo ou simplesmente a possibilidade ou não de acordo, são pessoas entrando naquela sala, muitas vezes pela primeira vez, se sentindo extremamente nervosas, achando que o mediador é o juiz, carregando consigo toda a dor deste processo, tendo que reencontrar seu adversário, talvez algo que já fazia um bom tempo que não ocorria e, o pior de tudo, quando vai relatar ao mediador o que aconteceu e o motivo do Processo Judicial, tem que reviver em sua memória, e muitas vezes com reações físicas totalmente aparentes, a causa daquele conflito. Neste momento a atuação do mediador é imprescindível, fazendo com que as partes se sintam confortáveis e os advogados também, porque às vezes chegam com seu instinto de salvação à flor da pele.

Neste ponto dizemos que a sensibilidade e percepção do mediador é primordial, afinal, conseguir identificar se aquele conflito não é algo que ele próprio já viveu ou está vivendo faz toda a diferença em sua atuação. O mediador sistêmico também precisa ser totalmente imparcial e neutro, se o caso das partes tem ligação com o dele próprio ou de alguém próximo fará com que estes princípios básicos da Mediação sejam "quebrados" e então o olhar sistêmico fique totalmente desfocado. Um profissional com postura sistêmica deve manter-se não envolvido com o caso, e fazer uma análise de forma ampla e geral e não específica de cada parte, pois somente assim conseguirá captar o real contexto daquele conflito e aí sim conduzir de forma que as partes se ouçam, e ampliem suas consciências, tomando para si a parcela de responsabilidade de cada um, talvez desse modo as partes construam juntas uma solução praticável por todos.

Para que haja uma boa atuação de todos os envolvidos, seria ideal que os advogados e mediadores fossem sistêmicos, assim a atuação naquele determinado caso talvez fluísse bem mais tranquilamente. O exemplo acima mencionado, em que o mediador necessita analisar se o conflito das partes não reflete algo em sua vida, também deve ser observado pelos advogados constituídos, pois é fato que se estou passando por um divórcio conturbado onde discuto sobre partilha de bens e me deparo com a mesma situação do cliente não vou defendê-lo e muito menos ampliar a consciência, simplesmente atuarei com minhas verdades, meus juízos de valores para que seja então feita a justiça que eu acredito que seja boa para mim. Logicamente que não se deve ter uma generalização, mas quantos colegas encontramos pela vida profissional que numa sessão de Mediação não deixam o cliente se expressar, o próprio advogado responde se aceita ou não uma proposta de acordo, o cliente literalmente entrou mudo e saiu calado. Será que este caso/conflito não se tornou o do próprio advogado? São aqueles casos que dizemos que o advogado casou com o cliente, dorme e acorda pensando no caso, acessando frequentemente o andamento do processo, vai despachar com juiz, promotor, cartório várias vezes, e aquela energia começa a fazer com que o processo fique estagnado.

Por este motivo um profissional sistêmico analisa o seu não envolvimento nos casos, para que então tudo flua, da forma e no tempo certo do cliente. Não é diferente para o mediador, que através da sua atuação deixa as coisas fluírem na Sessão de Mediação, coloca as partes sentadas próximas a ele, e não o contrário, como se fosse uma Audiência de Instrução. Na Sessão de Mediação quem fala são as partes, muitas vezes o que elas precisam é serem ouvidas e vistas, e talvez aquela seja a única oportunidade na qual isso irá acontecer. Os advogados vão se manifestar, logicamente, mas no momento oportuno, lembrando que o caso é do cliente, então ele é a prioridade.

Quantas vezes uma esposa passando pelo processo de divórcio nunca ouviu do marido que ele sempre a achou uma excelente mãe? Que ele reparava que ela deixava a casa sempre limpa e arrumada, mas nunca comentou? E isto é muito mais comum do que se pensa, muitos conflitos de casais se iniciam porque querem apenas algum tipo de reconhecimento, e às vezes não vem e neste sentido começam as disputas judiciais. Quantos processos os filhos enfrentam na busca incessante do pagamento de alimentos, mas na realidade só querem o amor e afeto daquele pai ou mãe? Então, deixar passar o momento, como dito, às vezes único daquela sessão de Mediação, é fazer com que as coisas não fluam da forma correta e somente aumentem o tempo daquele processo, que mesmo com uma Sentença favorável não atingiu o real objetivo.

Após iniciar a prática como advogado-mediador sistêmico, atuante na esfera de Direito de Família, passei a observar mais atentamente os clientes no escritório, bem como as Sessões de Mediação. Vale ressaltar que quando estamos na postura de mediador fora de nossos escritórios, ou seja, atuando no Poder Judiciário ou até mesmo em uma Câmara de Mediação, necessitamos deixar de lado o olhar técnico e crítico de advogado e atuarmos somente como mediadores, para que assim não façamos juízo de valor, ou até mesmo não nos tornemos advogados de uma determinada parte.

Lembro-me de uma Sessão de Mediação em que a disputa ocorria em outra sala, com outro colega. Infelizmente não houve acordo e as partes já iam embora do Fórum, foi quando a funcionária do local analisou que eles possuíam outro processo e que também havia sido agendada a sessão para aquele dia, então eles vieram para a sala onde eu me encontrava. Ao adentrarem a sala já percebi que estavam com os nervos à flor da pele, não se olhavam e entraram quase que marchando em minha direção. Sentaram-se à mesa, os dois virados para mim, se olharem naquele momento era impossível. Iniciei a sessão me apresentando e explicando os procedimentos, fui interrompido pelo homem–parte, informando que já sabiam como funcionaria, pois já haviam ouvido do outro colega. Pedi para que ele se acalmasse, e que mesmo já tendo conhecimento é sempre bom repassar, pois poderia ter ficado alguma dúvida. Terminei a apresentação, e passei a palavra para a mulher-parte, para que então me explicasse qual era o conflito. Neste processo estavam tratando do divórcio, sendo que no anterior era sobre guarda e alimentos.

Na fala dela, podia-se notar que existia muita mágoa, era dona de casa, cuidava do filho menor e buscava atender as necessidades do marido, foi quando ela mencionou: "Doutor, eu não gostaria de me separar, pois eu achava que era para sempre, mas acabou o amor, não há respeito e nem parceria". O que me chamou mais a atenção foi que, mesmo ela dizendo que não tinha mais amor, respeito e parceria, não gostaria de se separar. Após sua fala, abri a palavra ao homem, que nas entrelinhas concordou com o que havia sido dito anteriormente pela outra parte e que por ele já resolveria o divórcio.

Então, através do Pensamento Sistêmico, passamos a analisar possibilidades, o que será que fez este relacionamento se tornar pesado? Quais expectativas e frustrações cada um carrega em seu interior e nunca antes exposto? Houve um ato de amor neste casal, de que resultou o nascimento do filho, eram 15 anos de matrimônio, qual seria o real motivo do divórcio, somente a falta de reconhecimento por parte do homem?

Passei a realizar alguns questionamentos para que eles pensassem, e assim fiz a primeira pergunta: "Quais foram os momentos bons do casamento?" "O que fez com que vocês decidissem se casar e construir uma vida juntos?" Nós, seres humanos, temos a mania e a cultura de sempre pontuarmos os momentos ruins, o casamento não deu certo, ele ou ela era muito ruim, me decepcionou, me traiu, não me reconheceu, não era isso que eu esperava. Tudo bem, tudo isso pode ter acontecido, mas nunca houve momento bom? Nenhuma situação sequer? Digamos que é um pouco impossível, então por que não nos conectamos com o que é bom? Não para que o casamento neste caso fosse salvo, mas para que a mágoa fosse abrandada, o conflito se tornasse mais leve, e depois de ambos terem dito o que achavam de bom no relacionamento eles já estavam de frente um para o outro, já conseguiam se comunicar e aí retomamos o motivo dos processos, assim entendi que na outra demanda não se havia realizado acordo, pois o homem acreditava que com a Guarda Compartilhada ele não precisaria pagar os alimentos. Depois de uma explicação sobre as modalidades de guarda, foi compreendido e por ele sugerido até o valor da pensão e mais, que toda sexta-feira levaria frutas e caixas de leite.

Neste momento a mulher, se sentindo amparada, concordou com o valor proposto e sobre as frutas e leite, e também resolveram sobre o divórcio, com a seguinte fala dela: "Realmente, doutor, eu estava muito triste, foram muitos problemas, mas tiveram momentos felizes sim, e o maior é o nosso filho. Nosso amor acabou, mas a amizade deve continuar em respeito à criança. Ele é um ótimo pai..." e antes que ela pudesse terminar, o homem se manifesta e diz: "E você uma excelente mãe, e foi uma esposa muito boa, me desculpa se te magoei, não era minha intenção, me dediquei para o trabalho, mas tudo bem, fico feliz que entenda". Acordos firmados, partes satisfeitas, e a análise de que talvez o reconhecimento que ela tanto esperava não aconteceu, pois, como ele disse, viveu focado no trabalho e ela magoada por talvez não ter sido vista como mulher, mas somente uma dona de casa. São infinitas possibilidades, que em uma Sessão de Mediação muitas vezes não vamos saber a realidade, mas o simples fato de reconectar as partes com algo do seu Sistema Familiar, bom, positivo, feliz, fez com que o conflito se tornasse ameno e a comunicação restabelecida.

Este é um pequeno exemplo entre tantos outros que presenciei, e de outros que vários colegas assistiram em seus escritórios, nas Sessões de Mediação Judicial, Extrajudicial, por esse Brasil afora. O importante é saber que os profissionais vêm buscando qualificação e o objetivo de um Judiciário e uma Advocacia Humanizada começa a ganhar corpo, não somente através da Mediação Sistêmica propriamente dita, mas das Constelações Familiares, dos advogados sistêmicos com atendimentos personalizados, advogados que nem sabem que são sistêmicos mas que já atuam de forma a contribuir para que as partes se sintam mais confortáveis e leves, mesmo diante de um grande conflito, juízes e promotores extremamente atuantes nesta linha de Pensamento Sistêmico e até mesmo a Mediação e Conciliação simples, que merece todo o respeito e reconhecimento por ter vindo antes nesta meta de Resolução de Conflitos, e que com sua técnica trazida especialmente pelo Conselho Nacional de Justiça já resolveu muitos conflitos através da busca pela Paz.

O conflito não deve ser visto como uma forma ruim, existem sim conflitos bons, o que não se pode é menosprezar o conflito do outro, pois o que é realmente importante para mim pode ser que não seja para você, e tudo bem, ninguém é igual, ou pensa igual, mas o respeito deve existir, e é aí que quando não ocorre, que os conflitos, com características de disputas ocorrem, e entramos na bola de neve da qual estamos discorrendo até agora, a busca pela Advocacia para uma solução.

Neste sentido, a visão sistêmica agrega o Direito já existente e amplia sua função, tornando-se imprescindível num tempo em que as pessoas estão percebendo que os problemas são solvidos a partir de si próprias e trazendo a solução mais desejada por elas mesmas. Importante ressaltar que não existe receita, cada caso é único e mais: TODOS FAZEM PARTE.

6
Reflexões do pensamento sistêmico

Paula Welker

Paula Welker

Graduação em Advocacia pela Faculdade Maringá (PR), graduada em Fisioterapia pela Unimar, pós-graduada em Direito Ambiental pela Unifamma, Practitioner em Programação Neurolinguística pela Actius, Curso de Hipnose Prática e Clínica, Instrutora Oficial em Thetahealing com Vianna Stibal; consultora Sistêmica, *coach* Sistêmico, mediadora Sistêmica Judicial, Extrajudicial, Restaurativa, Organizacional, Estrutural e Pessoal; professora, facilitadora e palestrante em Direito Sistêmico. Pioneira na aplicação do Direito Sistêmico no Fórum de Maringá.

Contato:

Site: www.pwsolucoessistemicas.com.br

Reflexões do pensamento sistêmico

Aplicado à mediação

O projeto de lei nº 9.444, Do ano de 2017, com a sugestão nº 41/15 inclui a constelação sistêmica como instrumento de mediação entre particulares, possibilitando a resolução de conflitos.

Despacho

À comissão de constituição e justiça e de cidadania (mérito e art. 54, Ricd) apreciação: proposição sujeita à apreciação conclusiva pelas comissões - art. 24 Ii. Publicação inicial art. 137, Caput – ricd. Foi aprovada no dia 19 de novembro de 2017. O congresso nacional decreta:

Art. 1º Esta Lei estabelece as competências da Constelação Sistêmica na solução de conflitos.

Art. 2º Considera-se Constelação Sistêmica a atividade técnica terapêutica exercida por terceiro imparcial sem poder decisório, que, escolhido ou aceito pelas partes, as auxilia e as estimula a identificar soluções consensuais para a controvérsia sob um novo olhar sistêmico.

CAPÍTULO I DA CONSTELAÇÃO Seção I Disposições Gerais Art. 3º A constelação será orientada pelos seguintes princípios:

I – Imparcialidade do constelador;

II – Informalidade;

III – Autonomia da vontade das partes;

IV – Busca da solução do conflito;

V – Boa-fé.

Aplicação da constelação sistêmica no Judiciário

Devido aos avanços nos estudos do Pensamento Sistêmico Complexo e das Constelações Sistêmicas, o ordenamento jurídico também tem evoluído, originando a Mediação Sistêmica, que é uma inovação na forma de buscar e fazer justiça, através do equilíbrio entre dar e receber, em situação de conflito; mediante análise, compreensão das causas (muitas vezes ocultas), a fim de restabelecer a paz entre os envolvidos.

Tem base fundamentada na Constelação Sistêmica Familiar, do filósofo e pedagogo alemão Bert Hellinger, cuja experiência demonstrou que uma questão pode ser resolvida através dos princípios das leis sistêmicas, baseados na necessidade de pertencimento, equilíbrio e hierarquia. Com intervenções sistêmicas, frases de solução, dinâmicas e exercícios aplicados às Constelações Familiares.

A Mediação Sistêmica vem sendo reconhecida na ordem jurídica porque os conflitos entre grupos ou individuais mostram-se provocados por questões mais profundas, além de simples desentendimentos. Trata-se de uma realidade complexa, que dificilmente pode ser retratada em uma página de processo judicial. Uma solução simplista imposta por lei ou sentença judicial poderá trazer algum alívio momentâneo, porém, não será capaz de solucionar definitivamente o conflito.

Para a resolução de conflitos, é preciso que o mediador ouça as partes envolvidas, analise e entenda as causas, implícitas ou não, e, finalmente, que procure estabelecer o equilíbrio e a harmonia entre as partes.

Mediação sistêmica no Poder Judiciário da Comarca de Maringá

O Poder Judiciário da Comarca de Maringá vem se surpreendendo com o sucesso da metodologia da Constelação Sistêmica. Eu, como advogada e mediadora da Comarca de Maringá, senti a necessidade de ir além; no início do ano de 2017, dei início ao desenvolvimento da Técnica da Constelação Sistêmica Estrutural, nas audiências de mediação e conciliação pelo projeto CEJUS. Junto ao Judiciário, essa técnica tomou maiores proporções, sendo aplicada em diversas áreas integradas às soluções de conflitos. Além de ser requisitada em pautas extras, com grande êxito.

Com essa nova realidade é imprescindível que o juiz use o bom senso, em questões familiares; que não faça julgamentos e adote uma postura que facilite a reconciliação entre as partes de um sistema. Em situação em que a solução seja necessariamente imposta, esta deverá ser a melhor, aceita por todos os integrantes do sistema, pois terão certeza de terem sido vistos e notados.

Em face do grande êxito da Constelação Sistêmica Estrutural na resolução de conflitos apresentadas ao Poder Judiciário, poderão também ser utilizadas as Constelações Sociais ou Coletivas em questões do Meio Ambiente, Cidadania, Patrimônio Público etc. O sucesso do método deve-se a profissionais que se dispuseram a usá-lo, como o juiz doutor Sam e eu, que iniciei a aplicação das Constelações no Judiciário de Maringá.

De acordo com os dados, ainda em análise pelo CEJUSC,

depois da aplicação da Constelação Sistêmica Estrutural, na resolução de conflitos, têm se obtido surpreendentes taxas de acordos nas sessões de conciliação. Mesmo que não se tenha uma legislação que regulamente o tema da Mediação Sistêmica, o Novo Código de Processo Civil preconiza em seu artigo 3º, § 3º, dentre outros, que os operadores do Direito busquem práticas e métodos variados de solução consensual para a solução de conflitos, dentre os quais se insere Mediação Sistêmica.

O trabalho realizado na comarca de Maringá prioriza o segredo de família. As constelações são aplicadas individualmente, no mais absoluto sigilo, e depois, se houver consentimento das partes, será aplicada uma mediação com os outros indivíduos envolvidos no processo. Dessa maneira, será possível obter uma visão mais ampla, tão logo a raiz do conflito seja trazida à consciência.

O trabalho no Judiciário surpreende muito, em face dos resultados obtidos até o momento. E por falar em momento, a ocasião ideal para a aplicação da técnica, com possibilidades de maior êxito, é antes da audiência de conciliação ou mediação.

A Lei de nº 9.099/95 regulamenta os Juizados Especiais Cíveis e incentiva a prática da conciliação e transação. A Resolução nº 125/2010, do CNJ, pode servir de fundamentação legal para aplicação e utilização da Constelação Sistêmica, no sentido de agilizar e melhorar a solução de conflitos. Em 2016, foram reconhecidos pelo Conselho Nacional de Justiça a importância e os benefícios trazidos pelas técnicas aplicadas da Mediação Sistêmica, que possibilitaram um grande número de acordos em processos litigiosos.

Mediação sistêmica

O conflito surge quando a necessidade de escolha entre situações pode ser considerada incompatível. Todos os conflitos são antagônicos e perturbam a ação ou a tomada de decisão por parte da pessoa ou do grupo.

Kurt Lewin define o conflito do indivíduo como "a convergência de forças de sentidos opostos e igual intensidade, que surge quando existe atração por duas valências positivas, mas opostas (desejo de assistir a uma peça de teatro e a um filme exibidos no mesmo horário e em locais diferentes); ou duas valências negativas (enfrentar cirurgia ou ter o estado de saúde agravado); ou uma situação positiva e outra negativa, ambas na mesma direção (desejo de pedir aumento salarial e medo de ser demitido por isso)."

A percepção de cada indivíduo determina como se comporta (mágoa, culpa, julgamento, ciúmes, raiva, descontrole etc.). A partir do momento em que podemos entender as razões que geram conflitos tornam-se viáveis suas resoluções.

Ao nos depararmos com uma lide, temos um conflito processual e sociológico, é comum a finalização de um processo sem a solução do conflito. O Judiciário cumpre a função de entregar a sentença, como se fosse a resolução do conflito, o que poderá gerar um ainda maior, caso uma das partes fique insatisfeita ou se sinta prejudicada. Isso acontece pela necessidade que a pessoa tem de demonstrar seus motivos ao outro. Dessa maneira, novos processos serão iniciados, com as mesmas características, os mesmos elementos envolvidos e pelo mesmo motivo. Isso gera uma grande quantidade de processos desnecessários, tornando ainda maior o número de casos pendentes.

Novos métodos para a resolução de conflitos têm sido aplicados, por exemplo: mediação, negociação, conciliação, justiça restaurativa, mediação sistêmica etc. A Mediação Sistêmica procura transmutar aspectos negativos em positivos. Embasada nas constelações sistêmicas, traz subsídios que permitem diagnosticar a origem dos conflitos em diferentes áreas: familiares, empresariais, sociais, judiciais etc. Não importa, a maioria pode ser resolvida, considerando os princípios da Inteligência Sistêmica e da Fenomenologia Integrada aos Sistemas.

O mediador sistêmico, através de seus conhecimentos, poderá identificar os sistemas e subsistemas, tornar evidentes aspectos não percebidos pela consciência, mas que existem e podem causar determinados bloqueios ou reações, alheias à vontade da pessoa. Depois de identificar a posição do conflito no sistema, poderá aplicar dinâmicas específicas para tornar claros os motivos pelos quais tenham-se originado os conflitos. Os conflitos podem ter nascido de um relacionamento mal resolvido, uma perda, sentimentos ruins etc. Posteriormente o mediador organizará o sistema de maneira harmônica, possibilitando a resolução de conflitos e situações posteriores sustentáveis aos indivíduos envolvidos.

Case

O Judiciário tem um número absurdo de processos, o que dificulta olhar para o ser humano em seu conflito interno. Neste sentido, a Constelação Sistêmica vem auxiliar na identificação deste conflito e trazer à tona a raiz do problema e o porquê das partes envolvidas estarem ali.

Em meu trabalho no Judiciário como advogada, mediadora e consteladora surgiu a oportunidade de inserir a constelação na mediação. Após a Lei da Mediação e com as novas ferramentas, foi possível aplicar o método da Constelação Sistêmica no exato momento da sessão de mediação, que é o ideal.

Estando as partes reunidas para uma sessão de mediação, a abertura é feita especificando nossas regras do CNJ. A partir da permissão e quando dão oportunidade, peço para utilizar este método. Assim sendo, posso aplicar a Constelação Sistêmica com as partes envolvidas e uma pode olhar para o contexto da outra.

Diante da situação-problema de cada parte, torna-se evidente que o conflito, muitas vezes, não tem ligação direta com a outra parte, mas, sim, com seu sistema familiar.

A seguir um dos casos em que pude aplicar este método: houve um desentendimento sobre discussão de pensão. Uma menina revoltada, de 15 anos, há três sem conversar com seu pai, foi à audiência. Lá estavam: a mãe, o pai e a adolescente. A mãe sentou-se ao lado da filha, em pleno julgamento do pai, não permitia que a filha lhe dirigisse a palavra. Toda vez que alguém perguntava alguma coisa para a filha, era a mãe quem respondia. Naquele conflito, uma Lei Sistêmica se tornava evidente, esta lei é a alteração do local, da ordem e da hierarquia. A mãe se colocava à frente, causando esta alteração; o pai era totalmente excluído.

Quando pude perceber a situação, eles me permitiram olhar através da constelação estrutural. Então pedi à menina que trocasse de lugar com o pai, pois ali existia um campo, e trocando de lugar, em uma inversão de papéis, coloquei meus bonequinhos, minhas âncoras, e pedi para que ela do outro lado relatasse seu sentimento, estando no lugar do pai e olhando sua filha. Instantaneamente os olhos dela lacrimejaram, a mãe com seu inconsciente, de maneira desesperada, falava: "Pare com isso!" Perguntei para a garota se podia continuar e ela autorizou. Para minha surpresa, quando ela posicionou os bonequinhos, representações dela e da mãe, o pai estava um pouco longe. O que confirmou meu pensamento sistêmico diante das âncoras. Perguntei a ela: "O que você faria no lugar do seu pai?" Novamente as lágrimas brotaram, agora ela estava olhando para o pai, não para os bonecos.

Perguntei: "Você sente realmente que seu pai não a ama?" Por um instante ela não conseguiu responder. Mas depois disse: "Eu sei que ele me ama. Sinto muita falta dele". Devido à relação mal resolvida, a mãe, inconscientemente, não queria que esse amor continuasse. Voltei-me para o pai, e perguntei: "O que falta nessa relação? E o que você diria para ela sendo filha?" E ele disse: "Eu só queria estar como pai". Então questionei: "O que você faria?" E ele respondeu: "Eu teria dado mais atenção a ela, teria acompanhado seu colégio, e saberia mais de seu lado pessoal". Naquela hora, a mãe já não conseguiu conter o reencontro, no amor incondicional entre pai e filha. Perguntei: "E qual o primeiro passo que poderiam dar para a nova convivência?" A filha falou: "Ele poderia tomar sorvete comigo e eu falar do meu colégio". Virei para o pai e perguntei: "Isso é possível?" Ainda insistindo um pouquinho, perguntei: "Quando poderia ser?" A audiência foi em uma quinta-feira. Ela disse: "Poderia ser sábado, neste sábado?" E o pai disse: "Sim, pode ser às 15 horas?" Ela respondeu: "Sim!" Como forma de incluir a mãe, perguntei: "Você concorda?" Ela disse: "Sim", contrariada. Uma ata foi escrita e assinada por todos os envolvidos. Combinaram o encontro, firmando um compromisso sistêmico em sessão de mediação.

Devido ao método possuir um excelente desempenho na conciliação de conflitos familiares, a Constelação Sistêmica aplicada ao Judiciário é uma forma de auxiliar e proporcionar mais uma ferramenta eficiente na resolução dos processos, com rapidez e consistência. Aplicando a lei de forma justa e com imparcialidade, auxiliando o Direito e garantindo resultados eficazes com a mediação dos conflitos.

7

As ordens da ajuda aplicadas aos profissionais do Sistema de Justiça

Roberta Aparecida Moreira Reis dos Santos

Roberta Aparecida Moreira Reis dos Santos

Filha de José Luiz Moreira e Gessy Maria Moreira e mãe da linda Laura Moreira Reis dos Santos. Advogada, facilitadora de constelação sistêmica, mediadora, palestrante, voluntária em Projetos Sistêmicos nos Fóruns Regionais de São Paulo (Santo Amaro e Ipiranga), certificada e facilitadora no Modelo Integral do Instituto Evoluir, Pós-Graduanda em Direito Sistêmico pela Hellinger Schule, Faculdade Innovare e CUDEC e idealizadora do Círculo Sistêmico de Amor, que está em conexão com o seu propósito, a serviço da vida e do amor.

"Digo SIM a tudo como foi e é! Tomo a vida com gratidão dos meus pais e ancestrais, e faço algo de bom com tudo que eu recebi, servindo a vida."

As ordens da ajuda aplicadas aos profissionais do Sistema de Justiça

"Conheça todas as teorias, domine todas as técnicas, mas ao tocar uma alma humana seja apenas outra alma humana."

Carl G. Jung

O presente capítulo tem por escopo abordar a visão sistêmica no que tange ao exercício da função e limites dos profissionais do Sistema de Justiça.

É de bom alvitre ressaltar que a perspectiva aqui tratada não tem o condão de esgotar o tema ou as possibilidades de analisar as ordens da ajuda, trazidas por Bert Hellinger, no exercício profissional, e neste artigo em relação especialmente à área de Direito, uma vez que a aplicação da visão sistêmica nessa seara ainda está em construção.

Ademais, a visão sistêmica aplicada a qualquer seara do conhecimento tem entre outras características a de se tratar de um sistema aberto, portanto, não se limitando a conceitos fechados e restritos, e sim um olhar fenomenológico no qual as ordens estão também condicionadas aos contextos dos casos concretos.

Nesse sentido, para o físico David Bohm, todas as nossas relações interpessoais são complexas e contínuas no mundo que experimentamos. De tal forma que o pensamento, nossas percepções, sensações, interpretações do todo podem gerar diversas possibilidades, no aspecto individual ou coletivo.

Outro ponto importante a destacar é a denominação "Sistema de Justiça", aqui utilizada de forma ampla e genérica, ou seja, tem por escopo todos os profissionais que direta ou indiretamente estão envolvidos com a área do Direito e/ou questões/conflitos das pessoas que demandam, seja do Judiciário (juízes, serventuários, auxiliares da Justiça), Ministério Público, Defensoria Pública, advogados, mediadores e conciliadores, entre outros.

No nosso ordenamento jurídico há expressamente definidas as funções, responsabilidades e contornos do exercício profissional de cada profissional do Sistema da Justiça.

Ocorre que, no decorrer dos anos, verificamos que há também no nosso ordenamento jurídico novas responsabilidades aos profissionais, especialmente quanto à fomentação da cultura da paz na resolução dos conflitos, com a previsão de diversas leis, normas, resoluções e portarias para todos os profissionais da área de Direito.

Toda mudança de paradigma gera, num primeiro momento, para a grande maioria, um desconforto, e até mesmo um conflito.

Aliás, Bert Hellinger nos ensina que somente com o conflito, no sentido amplo, há crescimento de uma sociedade e de seus cidadãos, pois se buscam novas formas de reconciliação com os novos desafios.

E, assim, o nosso ordenamento jurídico tem buscado novas ferramentas para ajudar o Sistema de Justiça a "desafogar" o Judiciário e que as pessoas possam encontrar as melhores soluções para os seus conflitos, através de políticas de incentivo a conciliações/mediações.

Nesse sentido, Bert Hellinger entende que **ajudar** "é uma arte e, como toda arte, faz parte dela uma faculdade poder ser aprendida e praticada" (sentido amplo). No entanto, só é possível ser aprendida e exercida com os outros, seja através dos nossos pais (que nos deram a vida e nosso maior presente), amigos, parceiros amorosos, parceiros profissionais.

Até porque somos uma espécie que precisa da "ajuda dos outros" por mais tempo para o nosso crescimento físico-mental-psíquico-emocional.

Dessa forma, "ajudar" é da essência do ser humano.

No entanto, há **um limite**, de forma a buscar o equilíbrio nas relações, seja entre pais-filhos, na relação conjugal, de parceiros, nas amizades, profissional etc.

Quando a ajuda ocorre de forma saudável, está em ressonância com uma das leis sistêmicas observadas por Bert Hellinger – o equilíbrio de dar e tomar.

No entanto, de forma não saudável, seja pela intenção do ajudante em tentar retribuir aos pais toda a ajuda recebida, ou pela ajuda na qual o ajudante se coloca em um lugar de saber o que é melhor para o ajudado, tomando para si um lugar arrogante e de superioridade, pode gerar desequilíbrios/emaranhamentos sistêmicos, no qual traz conflitos nas relações interpessoais e principalmente na área profissional.

É importante esclarecer que, no contexto de desequilíbrio, o primeiro caso revela o desequilíbrio natural/orgânico das relações humanas – os filhos tomam a vida dos pais, e, portanto, não há reciprocidade nessa relação, já que os pais deram a vida e, por si só, já é muito. Nesse contexto é certo dizer que os pais deram o maior presente ao filho, que é a vida, ao passo que os filhos recebem essa vida, sem expectativa e julgamento de como foi a de seus pais. Caso contrário, se sentem pequenos diante da vida e com exigências em todas as suas relações, que refletem, inconscientemente, a exigência dos pais.

Ao passo que no segundo caso o ajudante coloca-se num lugar de saber o que é melhor para o outro ou não aceitar o destino do ajudado, tornando-se arrogante ou superior, o que ocasiona o desequilíbrio. Importante ressaltar que o termo "arrogante" é utilizado aqui no sentido de o ajudante saber mais que o ajudado, muito embora, na maioria das vezes, ocorra de forma inconsciente.

Nesse sentido os profissionais que atuam no Sistema de Justiça têm, no inconsciente familiar, um papel de "ajudador" ou "salvador", por terem, entre outras possibilidades, uma injustiça familiar seja na geração atual ou de seus ancestrais, ou até mesmo o seu sistema familiar ter causado uma injustiça, e como forma de compensação busca a área do Sistema da Justiça para atuar.

Você acredita que escolheu livremente a sua profissão, sem qualquer emaranhado com o seu sistema? Sem polêmicas, existe uma grande probabilidade de você estar equivocado.

Jakob Schneider nos ensina que as crianças, por amor cego, tendem a olhar para todas as pessoas que pertencem ao seu sistema familiar (origem e ancestrais) e suas necessidades, e tendem de forma inconsciente a carregar consigo essas necessidades, que na Análise Transacional se denominam os papéis de vítima, algoz e salvador, no qual a criança cresce com o papel de ajudar a livrar/salvar as necessidades daquele familiar, e dessa forma ficam emaranhadas com as dinâmicas ocultas do seu sistema familiar.

Assim, **sinta,** você que lê este texto, que o exercício da sua profissão é ajudar, lutar, defender, fazer justiça, substituir o querer das partes, honrar, julgar, ser imparcial – tomado com a parcialidade dos seus valores e crenças.

Para alguns, o exercício da profissão é leve e para outros o profissional carrega um peso que muitas vezes não sabe definir. Seja o peso da responsabilidade da profissão; de achar que poderia ter feito mais; de achar injusto o destino das partes; de achar que não lutou o suficiente; que o Sistema Judiciário não é justo, entre outras coisas.

Preste atenção! A visão sistêmica traz um convite especial para você **sentir** o exercício da sua profissão, independentemente do que está descrito na lei, somente sinta através das suas crenças, valores e contextos como é o exercício da sua profissão.

Como desempenhar o seu papel profissional de forma saudável, conectado ao propósito da profissão, sem causar a si mesmo um desequilíbrio ou emaranhar-se ainda mais com o seu sistema familiar e com a parte envolvida no conflito?

Bert Hellinger cita que as Ordens da Ajuda surgiram da necessidade de identificar se é possível ajudar, os limites e quais passos seriam os mais adequados.

E assim, todos que estão inseridos no Sistema da Justiça podem buscar um ponto de equilíbrio nas suas relações interpessoais, no seu sistema familiar e profissional, trazendo à tona a ordem e sua respectiva desordem no ajudar, através de reflexões, especialmente quanto às desordens, de forma que cada profissional busque a sua identificação e o seu sentir quanto à questão. E mais, que busque a discussão positiva do equilíbrio das nossas relações pessoais e profissionais.

Já temos como primeira premissa que todos os profissionais na área do Direito estão a **serviço** do Sistema de Justiça Maior, em relação ao sistema de justiça a que está submetido e que todos estão submetidos a Ela.

A primeira ordem está diretamente relacionada ao princípio do equilíbrio de dar ao receber, na medida em que se pode "dar apenas o que se tem e somente esperar e tomar o que se necessita".

Por conseguinte, a primeira desordem do sistema da ajuda "ocorre quando uma pessoa quer dar algo que não tem, e a outra quer tomar algo de que não precisa", ou "quando uma espera e exige da outra algo que ela não pode dar, porque ela mesma não tem".

Com tais premissas, quantas vezes o profissional, no exercício da profissão, fora do seu papel, ou seja, a serviço da Justiça e somente no exercício da sua profissão, depara-se com um cliente/parte que exige mais atenção do que o caso realmente necessita? Às vezes, até mesmo, com exigências demasiadamente desproporcionais ao pleito. Ao passo que o profissional se sente impotente por não corresponder à demanda dessa pessoa, e, por conseguinte, se enfraquece perante as exigências.

Atualmente, cada vez mais, verificamos essa dinâmica nas relações profissional-cliente/parte, já que o Sistema de Justiça está emaranhado com a demanda expressiva de processos/demandas administrativas, e em consequência identificamos profissionais esgotados física e emocionalmente, pois não conseguem, ou melhor, não podem "dar" algo que não possuem (a justiça) e as partes, por outro lado, buscam muitas vezes algo que não precisam ou a real questão do pedido está oculta, oriunda do seu sistema familiar.

Dessa forma, quando o profissional tem consciência do seu papel, dos limites da sua profissão, pode alinhar tudo isso à demanda do cliente, e se coloca apenas a serviço do Sistema de Justiça Maior. Ao passo que o cliente/parte, diante da postura do profissional, pode entender que as queixas e as exigências não podem ser supridas por tal profissional.

A segunda Ordem da Ajuda está conectada diretamente ao progresso da humanidade e suas especificidades, na medida em que há circunstâncias nas relações humanas que não podem ser alteradas pelo desejo interno de ajudar do profissional, por exemplo, catástrofes, doenças transmissíveis, ainda que seja por culpa de algo ou de alguém, anomalias genéticas etc.

Nesse sentido, o profissional deve estar atento às circunstâncias que envolvem a questão da ajuda, entender e aceitar que o cliente/parte está vinculado a um sistema familiar maior, portanto, há conexões com os valores, crenças, contextos desse sistema que fogem do exercício da profissão.

O profissional do Sistema de Justiça, a serviço do Sistema de Justiça Maior, deve buscar internalizar em si que cada cliente/parte possui um destino conectado ao seu sistema familiar.

Caso contrário o profissional, fora do seu papel, pode sentir-se fracassado ou responsável pelo destino difícil do seu cliente/parte por não atingir o resultado idealizado ou em decorrência de emaranhado com o seu próprio sistema familiar, o que pode acarretar maiores emaranhamentos e dificuldades no exercício da profissão e sentir-se derrotado.

Nesse sentido, quantos profissionais no desempenho das suas atividades, por estarem emaranhados com a questão trazida pelo cliente, para salvar o cliente/parte das angústias vivenciadas por ele próprio, buscam de forma austera a Justiça para aquele, no qual extrapola a urbanidade, protege de forma parcial a parte/cliente.

Importante ressaltar que todas essas ações são, em sua grande maioria, inconscientes, pois estão revestidas de senso de justiça. Seja pelo julgamento interno em demasia dos pais da parte/cliente, sem analisar o contexto daquele sistema familiar, ou o profissional entender que ele sabe o que é o certo para aquele sistema familiar, ainda que seja contrário ao desejo das partes/clientes, pois internamente pensa: "Que fracos, não conseguem resolver os seus problemas, eu resolvo, pois sei o que é melhor para eles, eu sou bom e grande para resolver esse conflito".

Nesses casos, o profissional não está no seu papel nem a serviço do Sistema de Justiça Maior. E como uma das possibilidades de consequências, em razão do desequilíbrio e emaranhamentos, vemos processos que se arrastam por anos e anos, ainda que outros nas mesmas condições já tenham sido julgados.

Gera uma impotência para o profissional e para o cliente/parte a possibilidade de exigir demais desse profissional, assim como um filho, em um amor infantil, exige dos seus "pais" sempre mais. Todos se enfraquecem, sentem-se pesados com a situação e com culpa no equilíbrio de dar e tomar.

Assim, para trazer o equilíbrio na profissão, é preciso sentir o seu lugar enquanto profissional, reconhecer e respeitar que a parte/cliente tem um destino conectado com o seu sistema familiar.

Em ressonância com a ordem acima, temos a Terceira Ordem, que diz respeito ao profissional do Sistema de Justiça no que tange ao limite da atenção dispensada à parte/cliente, pois equilibra a sua atividade de acordo com a questão trazida.

Assim, o emaranhamento do profissional está ligado ao exercício da profissão, que tem por arquétipo a ajuda (cuidador), e este tenta substituir, de forma inconsciente, o que o cliente/parte não recebeu dos seus pais.

O emaranhamento sistêmico dessa ordem da ajuda está diretamente relacionado ao arquétipo da ajuda (cuidador), pois está ligado a uma missão de cuidar dos outros, e às vezes se esquecem de si, pois entendem que as pessoas ajudadas não sobreviveriam sem a sua ajuda, não se recusando a ajudar nenhuma pessoa, em uma posição de arrogância, no entanto, quando percebem que não é possível, sentem-se impotentes/fracos.

O maior desafio do profissional do Sistema de Justiça que possui uma característica desse arquétipo é aprender quando se pode ajudar ou não, de forma que traga equilíbrio para as relações e sem qualquer substituição do sistema familiar, especialmente dos pais.

Assim, o profissional do Sistema de Justiça com atenção plena no seu papel, conectado com o seu propósito profissional (em sintonia com os seus próprios pais) pode encontrar o seu ponto de equilíbrio e através da sua postura colocar os limites ao ajudado, não como substituição dos pais do cliente/parte, pois entende que este também carrega dentro de si os pais deles e toda a ancestralidade.

Bert Hellinger nos ensina que os profissionais do Sistema de Justiça e cliente/parte, com vista das Ordens da Ajuda, devem lidar na relação de adulto para adulto, reconhecendo que todas as partes envolvidas possuem os seus pais, e estes são os certos e suficientes para cada um.

E por tal fato, cada um, do seu lugar, tomará para si a responsabilidade e consequências do conflito, do processo e especialmente quais serão as escolhas individuais de acordo com o destino a que está conectado.

Nesse sentido, uma reflexão que emerge do dia a dia profissional refere-se aos casos dos clientes/partes que reclamam que não têm atenção, se sentem magoados, abandonados pelo Sistema de Justiça ou diretamente com o profissional.

Assim, para trazer o equilíbrio na relação profissional, deve atentar-se para a postura sistêmica, sinalizar as regras de atendimento, as regras do Sistema de Justiça, demonstrando que está a serviço da Justiça, para que o cliente/parte internalize e sinta os seus próprios pais, e esteja apto a reconhecer as consequências das suas escolhas.

A Quarta Ordem decorre do olhar sistêmico para o todo, por meio do qual o profissional do Sistema de Justiça percebe que o cliente/parte traz consigo todo o seu sistema familiar, e, por conseguinte, seus valores, crenças, padrões, inconsciente familiar e contextos.

Nesse sentido o profissional, com postura sistêmica, deve olhar o indivíduo de forma ampla, inserido em um contexto familiar, ainda que não teve contato com ela. Ou seja, olhar com respeito para tudo como foi, da forma que foi e como é, sem julgamento, pois cada membro familiar, dentro do sistema, age e interage de acordo com a boa consciência do seu sistema.

A boa consciência, na definição de Bert Hellinger, não é a comum como identificamos, vai além. Para ele, a boa consciência consiste em um membro, por querer pertencer ao sistema familiar (lei de pertencimento), por amor e como instinto de sobrevivência, de forma inconsciente repetir o padrão familiar, sem o cunho da moralidade do que é certo e errado, que é temporal, pois uma lei ou até moral que vige atualmente pode não subsistir daqui a um tempo. Por exemplo, se em um tempo remoto era legal a escravidão, atualmente é proibida, no entanto, isso não impede que, ainda que seja ilegal, haja relatos de escravidão transfigurados de outras formas.

Existe a possibilidade naquele sistema familiar da boa consciência em relação a esse tema, no entanto, se alguém desse sistema ousa fazer diferente, dizemos que ele está na má consciência familiar, desse lugar pode gerar incômodo, e até mesmo uma desconexão com esse sistema. No entanto, está rompendo esse padrão trazendo novas possibilidades para esse sistema, e, por conseguinte, força para esse membro da família, que se conecta com o consciente coletivo da liberdade.

O conflito interno de um membro pode gerar força para o novo dentro do sistema familiar e quiçá para o progresso da Humanidade.

Através dessa postura sistêmica, à luz do Sistema de Justiça Maior, o cliente/parte pode tomar a força que precisa para se libertar ou ampliar a consciência sob o seu sistema familiar, especialmente quanto à boa consciência, e dessa forma assumir as responsabilidades de suas escolhas. Ao passo que o profissional poderá facilitar essa ampliação de consciência, sem sair do seu papel.

E a última ordem descrita por Bert Hellinger, em consonância com todas as anteriores, diz respeito ao julgamento.

É importante esclarecer que esse julgamento não se trata, por exemplo, do julgamento de um processo, mas sim o julgamento de uma forma mais específica no que tange ao sistema familiar do cliente/parte.

Compete ao profissional do Sistema de Justiça entender ou sentir os valores, crenças, padrões do sistema familiar do cliente/parte.

Ele nos ensina que todas as relações, ainda que sejam muito difíceis ou pesadas, decorrem do amor e compensação ao sistema, de acordo com os contextos em que não competem julgamentos (sentido restrito) de quem quer que seja.

É certo dizer que toda ação tem uma reação, e consequentemente a responsabilização/penalização, se for o caso, pelos atos de cada membro familiar que de alguma forma rompe com a lei ou o sistema, mas só isto basta.

Não compete ao sistema, que visa o equilíbrio, excluir ninguém.

Nesse sentido, a desordem está ligada diretamente ao julgamento por parte do profissional do Sistema de Justiça do cliente/parte ou do seu sistema familiar, especialmente dentro da moralidade comum, e dessa forma condená-lo internamente, em decorrência dos seus valores e crenças.

Os contextos familiares são únicos. Aos profissionais do Sistema de Justiça compete olhar para tudo com respeito e se colocar a serviço da Justiça e do cliente/parte.

Nesse sentido, Jakob Schneider nos ensina que não compete ao profissional de Justiça "direcionar os clientes ou suas famílias a um **padrão único**, de acordo com **nossas concepções**", mas de colaborar para que o que é "maior" e para tanto no atendimento profissional "a atenção deve realmente passar **através de seu sistema de relações**, porém, sem perder de vista o cliente e suas necessidades concretas, e absolutamente sem feri-lo".

Os movimentos descobertos por Bert Hellinger decorrem de estudos de muitas abordagens e principalmente de sua observação, no campo fenomenológico, e por isso entendo que cada profissional deve primeiro **sentir,** experienciar as Ordens da Ajuda no seu exercício da profissão, e estar conectado ao seu propósito de vida e profissional.

Já dizia Platão: "Conhece-te a ti mesmo!"

Dessa forma, que os profissionais do Sistema de Justiça, cada um do seu lugar, do seu nível de consciência e de conhecimento, reconhecendo as implicações dos seus emaranhamentos sistêmico familiares, possam buscar nos princípios sistêmicos e em outras abordagens integrativas e encontrar a sua forma de atuação, sentindo que estão conectados a tudo e a todos.

Sigamos na busca para ampliar a nossa consciência, ser coerentes e congruentes com esse saber, abrir horizontes, conectarmo-nos de coração a Algo Maior.

A aplicação do pensamento sistêmico e das contestações familiares no Sistema de Justiça, ao meu ver, é irreversível, pois traz um ponto de equilíbrio interno para o profissional e para o cliente/parte, bem como traz um olhar humanizado para as relações, sejam oriundas do nosso convívio familiar, sejam nos procedimentos jurídicos.

Que este texto possa de alguma forma ressoar no seu coração, que você possa respirar e sentir como tem sido, até este momento, o exercício da sua profissão.

Se estiver pesado, difícil, com culpa, que você possa ajustar o leme para conhecer esse novo horizonte.

Se, de alguma forma, você já atuasse com postura sistêmica, e talvez nem soubesse que era "sistêmico", sinta e aproveite a brisa leve desse novo horizonte.

Há muito ainda para ser construído, e, juntos, podemos mais!

"Deixamos atrás nossas ideias, como se as nossas ideias fossem melhores que as dos outros. Nós produzimos algo e eles produzem algo também. Todo processo criativo é possível por meio dos erros, daquilo que ainda está inconcluso. Só se concordamos que algo está inacabado e se move em direção a se completar poderá ser levado adiante por um movimento criativo." Bert Hellinger

Referências Bibliográficas

BOHM, D. (ed.). **O Pensamento como um sistema**. Tradução de Teodor Lorent. São Paulo: Madras, 2007.

HELLINGER, B. **Ordens da Ajuda**. Tradução de Tsuyuko Jinno-Spelter. 3. ed. Goiânia: Atman, 2013.

_____ **Conflito e paz**: uma resposta. Tradução de Newton A. Queiroz. 2. reimpressão. São Paulo: Cultrix, 2007.

_____ **Êxito na vida, êxito na profissão: como ambos podem ter sucesso juntos**. Tradução de Tsuyuko Jinno-Spelter. 3. ed. Belo Horizonte: Atman, 2015.

_____ **Histórias de sucesso**: na empresa e na profissão. Tradução de Azul Llano. 2. ed. Belo Horizonte: Atman, 2017.

MYSS, C. **Arquétipos**. Quem é você? Magnitude, 2013.

SCHNEIDER, J. R. **A prática das constelações familiares**. Tradução de Newton A. Queiroz. 2. ed. Goiânia: Atman, 2013.

SCHNEIDER, J. **A responsabilidade em constelar**. Disponível em: <http://www.consteladoressistemicos.com/publicacoes/56-a-responsabilidade-em-constelar-jakob-schneider>. Acesso em: 31 jul. 2018.

WILBER, K. **A visão integral**: uma introdução à revolucionária Abordagem Integral da Vida, de Deus, do universo e de tudo mais. Tradução de Carmen Fischer. São Paulo: Cultrix, 2008.

8

Adoção no Brasil e a abordagem sistêmica

Rosemary Marostica

Rosemary Marostica

Advogada, palestrante, facilitadora em Constelação Familiar e Organizacional, Coaching Sistêmico, consultora sistêmica, conciliadora, mediadora, facilitadora de Processos de Indivíduos, Grupos e Organizações com abordagem Antroposófica. Atualmente está como presidente da Comissão de Práticas Sistêmicas no Direito da Subseção da OAB São José dos Campos/SP. Pós-graduada em Direito Público e Direito Processual Civil. Coordenadora do Núcleo São José dos Campos/SP da Sociedade Brasileira de Direito Sistêmico (SBDSIS).

Contato: (12) 3943-2748 / 97403-5161

Adoção no Brasil e a abordagem sistêmica

Dedicado à minha irmã Débora Terezinha Marostica e aos meus pais, Alcides e Rozi, que a acolheram com amor.

1. Breve histórico da adoção no Judiciário Brasileiro

Adoção significa processo ou ação judicial que se define pela aceitação espontânea de alguém como filho(a), respeitando as condições jurídicas necessárias. Significa, por extensão, acolhimento voluntário de uma pessoa ou de um animal como integrante de uma família. É sinônimo de acolhimento, aceitação, adotação. (DICIONÁRIO, 2018).

A entrega dos filhos a famílias mais abastadas sempre existiu no mundo. Algumas famílias recebiam as crianças como filhos de criação com intuito de ter mão de obra gratuita ou buscando sua redenção, ao cumprir seus deveres religiosos.

No Brasil, o Instituto da Adoção no Judiciário foi trazido inicialmente nas Ordenações Filipinas, criadas em Portugal em 1595, e vigeu no Brasil até 1916, em matéria civil. (MARONE, 2018).

O Código Civil de 1916 foi o primeiro instituto significativo sobre a adoção no Brasil, ao trazer no Livro de Direito de Família, nos artigos 368 a 378, os requisitos para realização da adoção bem como seus efeitos. Não havia nenhuma preocupação ainda com os interesses do adotado tanto social como patrimonialmente, prossegue Marrone (2018), olhava apenas para a conveniência do adotante. Os adotados permaneciam vinculados aos seus pais biológicos, dos quais recebiam herança.

O Código Civil de 1916 previa ainda no art. 374 que a adoção poderia ser dissolvida se adotante e adotado passassem a conviver, se o adotado cometesse ingratidão contra o adotante, e, no caso do menor ou interdito, no momento em que cessasse a menoridade ou a interdição.

A Lei nº 4.665/1965 inseriu no ordenamento a denominação legitimação adotiva com a intenção de incluir o adotado no seio familiar. A lei era aplicada aos menores de sete anos, dos quais os pais biológicos eram destituídos do pátrio poder. Outro requisito era a convivência com a família adotante por no mínimo três anos, chamado de período de adaptação, no qual os adotantes podiam a qualquer tempo com qualquer justificativa devolver o menor.

A Lei nº 6.679/1979 implementou o chamado Código de Menores, passando a existir duas formas básicas para adoção: Simples, pelo Código Civil, e a Plena, regida pelo Código de Menores.

Adoção simples era feita através de escritura em cartório, por meio de contrato entre as partes, dando origem ao parentesco civil; era revogável e não extinguia os direitos e deveres resultantes do vínculo que continuava existindo com os pais biológicos. Enquanto a adoção plena desligava completamente o menor adotado do vínculo com a família biológica, passando a ser de forma irrevogável e para todos os efeitos legais filho dos adotantes, sendo o vínculo estendido a toda família do adotante. (VILELA, 2018).

Em 1988, a Constituição Federal (CF) introduziu o princípio da proteção integral, inserida no artigo 227. Pela primeira vez contemplava o ser humano existente em cada criança, adolescente que não possui capacidade de exercício de seus direitos e que necessita de terceiros, tais como família, sociedade e Estado, para resguardar os seus direitos até que estejam plenamente desenvolvidos física, mental, moral, espiritual e socialmente, explana Nogueira (2018).

O artigo 227 da CF estabeleceu como dever da família, da sociedade e do Estado assegurar à criança, ao adolescente e ao jovem, com absoluta prioridade, o direito à vida, à saúde, à alimentação, à educação, ao lazer, à profissionalização, à cultura, à dignidade, ao respeito, à liberdade e à convivência familiar e comunitária, além de colocá-los a salvo de toda forma de negligência, discriminação, exploração, violência, crueldade e opressão.

A Lei nº 8.069/1990, denominada Estatuto da Criança e do Adolescente (ECA), reproduziu o artigo 127 da CF e acrescentou os meios e instrumentos necessários para a efetivação e garantia de cada um dos direitos fundamentais da criança e do adolescente. Entre eles, a adoção foi normatizada de forma a olhar para os interesses do adotado, integrando-o na família, igualando sua situação à do filho natural com laços familiares sólidos, desligando-o completamente de sua família biológica.

O Código Civil de 2002, em seu artigo 1.618, determina que a adoção será deferida na forma prevista pelo ECA.

A instituição da Lei nº 12.010/2009, Lei Nacional da Adoção, buscou aperfeiçoar a sistemática do ECA, para garantir o direito à convivência familiar, em suas mais variadas formas, a todas as crianças e adolescentes, sem perder de vista as normas e princípios por esta consagrados.

A Lei Nacional da Adoção, descreve Digiácomo (2016), trouxe um contexto mais abrangente, buscando, sempre que possível, a manutenção da criança ou adolescente com sua família biológica ou de outras formas de acolhimento familiar que priorizem a preservação dos vínculos com sua família natural.

Pontua-se que a adoção por pessoas homossexuais solteiras

sempre foi permitida pelo ECA. O Supremo Tribunal Federal, na decisão da ADIn 4.277 e ADPF 132, que dá à união homoafetiva os mesmos efeitos da união estável heterossexual, evoluiu, permitindo a adoção conjunta na qual permite à criança ter duas mães ou dois pais, adoção conjunta homoafetiva consoante o disposto no parágrafo 2º do art. 42 do ECA. (CASSETARI: 573-74).

Em 22 de novembro de 2017, foi aprovada a Lei nº 13.509/17, trazendo a mais recente alteração do ECA com o objetivo de diminuir os prazos para realização das adoções, incluindo o período de convivência, simplificar os procedimentos e dar prioridade para interessados em adotar grupo de irmãos e menores de idade com deficiência, doença crônica ou necessidades específicas de saúde. Altera também a Consolidação das Leis Trabalhistas (CLT) e estende aos pais adotivos as mesmas garantias trabalhistas dos pais sanguíneos, como licença-maternidade, estabilidade provisória após a adoção e direito de amamentação. (BRASIL. Senado Federal. 2018).

A nova lei reconhece programas de apadrinhamento por pessoas físicas ou jurídicas quando estas não têm interesse na adoção, mas aceitam conviver com o jovem e auxiliar na formação de "vínculos externos à instituição" onde ele vive. A prioridade desses programas são crianças ou adolescentes com remota possibilidade de reinserção familiar ou colocação em família adotiva. A lei busca diminuir o abandono de crianças e abortos criminosos; regula o procedimento para entrega voluntária dos filhos pelas mães biológicas antes ou logo depois do nascimento de forma sigilosa, quando não existir indicação do pai ou quando este também manifestar essa vontade. (LUCHETTE, 2017).

A alteração legislativa, expõe Lima (2017), tem o objetivo de conscientizar, incentivar e reduzir preconceitos relacionados à adoção buscando beneficiar milhares de crianças que estão à espera de ter uma família e milhares de famílias que esperam receber uma criança.

2. Abordagem sistêmica nas adoções

A adoção é um grande ato amor de quem entrega um filho e de quem acolhe uma criança. Não existem nessa relação pessoas boas ou más, existem pessoas que com amor se colocam a serviço umas das outras, um sistema se compensando e curando com o outro.

No pensamento sistêmico, enfatiza Hellinger (2006:121), a adoção é justificada quando as crianças não têm ninguém, no caso de perda dos pais ou abandono. É um ato justificado e nobre acolher e criar essa criança.

Segundo Hellinger (2006:121), "quando os filhos não podem ser criados por seus próprios pais, a melhor alternativa serão provavelmente os avós. Estes, em geral, se aproximam mais das crianças. Se conseguem atraí-las, quase sempre cuidam muito bem delas – e a devolução aos pais é bem mais fácil. Não havendo avós vivos, ou caso eles não possam assumir o encargo, a próxima escolha é usualmente uma tia ou um tio. A adoção é o último recurso, e só deve ser cogitada quando ninguém da família está disponível".

A adoção, para ter possibilidade de sucesso, sob a ótica sistêmica, deverá respeitar as três ordens do amor: pertencimento, hierarquia e equilíbrio entre dar e receber.

A criança adotada tem direito ao pertencimento à sua família de origem. As pessoas que irão adotar precisam ter consciência de que os pais biológicos permanecerão sempre os verdadeiros pais da criança, pois lhe deram a vida e ela sempre estará conectada ao seu sistema familiar de origem.

O ECA não reconhece os pais biológicos, removendo o nome e sobrenome deles, assim como algumas vezes alterando o próprio nome da criança adotada, possibilitando mais recentemente a entrega sigilosa, excluindo-os completamente. O adotado terá direito a informações sobre seu processo de adoção e pais biológicos apenas quando completar 18 anos.

A lei do pertencimento se sobrepõe às leis judiciais, assim, todos que fazem parte de um sistema familiar devem pertencer a ele. Uma das possibilidades para que se incluam os pais biológicos é mantê-los vivos no coração da criança adotada, olhar com respeito para sua história e de seus familiares mesmo que os desconheça. Os pais adotivos devem olhar com gratidão ao destino dos pais biológicos, pois foi através da dificuldade deles, no exercício do papel de pai e mãe, que houve a possibilidade de cuidar dessa criança até o momento que ela necessitar.

A hierarquia na ordem de origem familiar é determinada pelo momento que começou a pertencer ao sistema. Aquele que entrou em primeiro lugar tem precedência sobre aquele que chegou mais tarde. (HELLINGER, 2003:37).

A postura sistêmica na adoção ensina que os pais adotivos vêm depois dos pais biológicos, não importa o que estes sejam ou tenham feito, devendo colocar-se ao lado dos pais biológicos como cuidadores da criança e nunca acima. Importa respeito a eles, ao seu destino e ao destino da criança. Ao adotar é preciso ter a consciência de que a adoção é de uma criança e não de um filho. Como já dito, a criança adotada sempre será filha dos seus pais biológicos. Os adotantes se colocam a serviço de serem cuidadores, meros substitutos ou representantes dos pais biológicos de uma criança que não teve nenhuma oportunidade de permanecer em seu sistema de origem e ajudam a realizar o que não estava ao alcance desses pais, continua Hellinger (2003:121). Um exercício que pode ser feito, prossegue o autor, é os pais adotantes reverenciarem os pais biológicos em forma de gratidão pela criança que receberam, colocando no seu coração todo o sistema familiar que ela traz consigo sem julgamentos, reconhecendo-os.

Ao adotar uma criança, os pais adotantes devem conferir valor à sua história, denota Hellinger (2003). Negar a história e a origem de um filho é negá-lo enquanto pessoa.

Para Hellinger (2007), o principal em uma adoção são as intenções dos pais adotivos. Se agirem no melhor interesse da criança, terá boa possibilidade de felicidade e sucesso. Contudo, pais adotivos raramente consideram o interesse da criança, e sim o seu próprio: não podem ter filhos e se rebelam contra as limitações que a natureza lhes impôs; querem substituir um filho morto; uma das partes quer ter filho e a outra não pode ou não deseja; para salvar um casamento ou relacionamento quando um casal deseja um filho de sexo diferente do qual já possui; ter realizado aborto no passado, por motivos religiosos, ou seja, de forma leviana buscam realizar uma necessidade do casal.

Tacitamente, pedem à criança que os proteja de sua frustração ou desencanto. Quando é esse o caso, o fluxo básico do dar e receber, bem como a ordem dos relacionamentos, desarranja-se logo de começo; os pais sofrerão as consequências de seus atos ou sofrerão os filhos, afirma Hellinger (2006). Quando a adoção é feita movida apenas pelas próprias necessidades e não pelo bem-estar da criança, é o equivalente sistêmico do roubo de crianças, pois a tomam dos pais biológicos exclusivamente para se beneficiar.

No processo de adoção, além do olhar para a criança, pais biológicos e pais adotivos, é necessário olharmos para o intermediário do processo.

O intermediário no processo de adoção pode se tratar de um abrigo, enfermeira, instituição religiosa, assistente social, juiz, promotor, advogado e, quando cumpre plenamente seu papel no direcionamento da criança para adoção, pode ser uma bênção para o processo. Mas, quando há qualquer tipo de interesse, seja financeiro, seja burlando as formas legais de adoção, privilegiar alguma família em detrimento de outra, ou até mesmo da família de origem, sistemicamente possibilitará o insucesso da adoção, trazendo como possível consequência infelicidade na família. (BERTATE, 2018).

Ao receber uma criança para adoção, o intermediário deve olhar primeiramente para a criança e buscar a recolocação em sua família de origem. A criança somente irá para outro sistema familiar se não houver ninguém da família ampliada disponível para acolhê-la. Caso não seja possível a recolocação em sua família extensa, o intermediário terá que avaliar o que é o melhor para aquela criança, seja a colocação em outra família ou a manutenção em um abrigo específico, até o momento adequado de encontrar onde está a boa solução para ela.

Na adoção a prioridade é olhar para a criança, para sua saúde física, mental e emocional, destaca Bertate (2018). O intermediário deve buscar uma família que está disposta a colaborar com os pais biológicos, a continuar o trabalho a que estes não estão em condições de dar prosseguimento.

O olhar prioritário à criança, segue Bertate (2018), também é importante porque algumas vezes a solução não está na criança se conectar à família de origem e sim se despedir dela, fazendo um exercício de dizer a eles: "Eu devo a vocês a minha vida, eu sou grata a vocês, mas agora eu sigo a minha vida". Outras vezes, o que traz força e liberdade para a criança é ela se reconectar com os pais biológicos, assim eles podem dar permissão para que ela se aproxime dos pais adotivos e viver em harmonia com os dois lados.

A adoção transforma-se em destino no sistema familiar de todos que participam do processo, levando esse sistema familiar a mais humanidade, mais amor, mais humildade e profunda grandeza.

A constelação familiar é uma das ferramentas que podem ser utilizadas para trazer harmonia aos sistemas dos adotantes e adotados que passam a fazer parte uns dos outros, privilegiando a relação e o vínculo entre pais e filhos, trazendo paz.

Existem muitos casos em que a adoção tem êxito. Existem muitas famílias adotivas e filhos adotivos felizes. (HELLINGER, TEN HÖVEL, 2001).

"Adotar é acreditar que a história é mais forte que a hereditariedade, que o amor é mais forte que o destino." (WEBER, 2018).

A adoção não é o sangue, é gerar um filho a partir do coração, é o pulsar do amor, são laços de carinho, afeto e dedicação por alguém que está por vir.

Referências

Bibliografia

CASSETTARI, C. *Elementos de direito civil*. 2. ed. São Paulo: Saraiva, 2013. (574p.)

HELLINGER, B. *Ordens do amor*: um guia para o trabalho com constelações familiares. Tradução de Newton Araújo Queiroz. São Paulo: Cultrix, 2003. (424p.)

HELLINGER, B.; TEN HÖVEL, G. *Constelações familiares*: o reconhecimento das ordens do amor. Tradução de Eloisa G. Tironi e Tsuyuko Jinno-Spelter. São Paulo, Cultrix, 2007. (159p.)

HELLINGER, B.; WEBER, G.; BEAUMONT, H. *A simetria oculta do amor*: por que o amor faz os relacionamentos darem certo. Tradução de Gilson Cesar C. de Sousa. São Paulo: Cultrix, 2018. (317p.)

Documentos eletrônicos

BERTATE, R. *Adoção*: Como alcançar sucesso. Editora Conexão Sistêmica. Edição do Kindle. Disponível em: <https://www.amazon.in/Ado%C3%A7%C3%A3o-alcan%C3%A7ar-sucesso-Renato-Bertate-ebook/dp/B072KHKMP7>. Acesso em: 17 nov 2018.

BRASIL. Casa Civil. Subchefia para Assuntos Jurídicos. Lei n. 13.509, de 22 de novembro de 2017. Disponível em: <http://www.planalto.gov.br/ccivil_03/_Ato2015-2018/2017/Lei/L13509.htm>. Acesso em: 05 dez 2018.

BRASIL. *Código Civil*. Lei n. 10.406, de 10 de janeiro de 2002. Disponível em: <http://www.planalto.gov.br/ccivil_03/leis/2002/L10406compilada.htm>. Acesso em: 01 dez 2018.

BRASIL. *Código de Menores*. Lei n. 6.697, de 10 de outubro de 1979, revogada pela Lei n. 8069, de 1990. Disponível em: <http://www.planalto.gov.br/ccivil_03/LEIS/1970-1979/L6697.htm>. Acesso em: 20 nov 2018.

BRASIL. Constituição (1988). *Constituição da República Federativa Brasileira*. Disponível em: < http:// www.planalto.gov.br.ccivi_03/constituicao>. Acesso em: 01 dez 2018.

BRASIL. *Estatuto da Criança e do Adolescente*. Lei n. 8069, de 13 de julho de 1990. Disponível em: <http://www.planalto.gov.br/ccivil_03/LEIS/L8069.htm>. Acesso em: 20 nov 2018.

BRASIL. *Lei Nacional de Adoção*. Lei n. 12.010, de 03 de março de 2009. Disponível em: <http://www.planalto.gov.br/ccivil_03/_Ato2007-2010/2009/Lei/L12010.htm>. Acesso em: 22 nov 2018.

BRASIL. *Lei Nacional de Adoção*. Lei n. 13.509 de 22 de novembro de 2017. Disponível em: <https://www2.camara.leg.br/legin/fed/lei/2017/lei-13509-22-novembro-2017-785783-publicacaooriginal-154279-pl.html>. Acesso em: 22 nov 2018.

BRASIL. *Legitimação Adotiva*. Lei n. 4695 de 02 de junho de 1965. Disponível em: http://www2.camara.leg.br/legin/fed/lei/1960-1969/lei-4655-2-junho-1965-377680-publicacaooriginal-45829-pl.html>. Acesso em: 16 nov 2018.

BRASIL. Senado Federal. *Senado Notícias*. Disponível em: <https://www12.senado.leg.br/noticias/materias/2017/11/24/sancionada-lei-que-acelera-processos-de-adocao>. Acesso em: 16 nov 2018.

BRASIL. Supremo Tribunal Federal. ADI 4.277 e ADPF 132, de 05 de maio de 2011. Disponível em: <http://redir.stf.jus.br/paginadorpub/paginador.jsp?docTP=AC&docID=628633>. Acesso em: 22 nov 2018.

COSTA, C. *Adoção e a fidelidade da criança pela família de origem*. Disponível em: <https://sermentelivre.com.br/2016/01/25/adocao-e-a-fidelidade-da-crianca-pela-familia-de-origem-uma-visao-sistemica-da-adocao/>. Acesso em: 22 nov 2018.

DICIONÁRIO *on line* de português. Disponível em: <https://www.dicio.com.br/adocao/>. Acesso em: 14 nov 2018.

DIGIÁCOMO, E. *A Lei da Adoção e suas implicações*. São Paulo: Ixtlan, 2016. Disponível em: <http://www.crianca.mppr.mp.br/arquivos/File/doutrina/adocao/lei_de_adocao_e_ suas_implicacoes__perguntas_e_respostas_ed2016.pdf>. Acesso em: 18 nov 2018.

HELLINGER, B. *Constelação familiar e sistêmica*. Disponível em: <https://iperoxo.com/2017/08/17/adocao-um-olhar-sobre-o-exito-ou-o-fracasso-desta-missao/>. Acesso em: 18 nov 2018.

KOZINER, M. *Constelação familiar de Bert Hellinger, As ordens do amor e O direito de pertencer*. Disponível em: < https://institutokoziner.com/constelacao-familiar-de-bert-hellinger-as-ordens-do-amor-o-direito-de-pertencer/>. Acesso em: 22 nov 2018.

LIMA, L. H. *A nova lei da adoção*. Disponível em: <http://genjuridico.com.br/2017/11/23/nova-lei-da-adocao/>. Acesso em: 05 dez 2018.

LUCHETE, F. Nova lei tenta agilizar adoção e proíbe demitir quem tem guarda provisória. *Revista Consultor Jurídico*, nov. 2017. Disponível em: <https://www.conjur.com.br/2017-nov-23/lei-tenta-agilizar-adocao-proibe-demitir-quem-guarda-provisoria>. Acesso em: 05 dez 2018.

MARONE, N. S. *A evolução histórica da adoção*. Disponível em: < http://www.ambito-juridico.com.br/site/index.php?n_link=revista_artigos_leitura&artigo_id=16929&revista_caderno=14>. Acesso em: 14 nov 2018.

MARQUES, J. R. *Como a adoção pode ser bem-sucedida aos olhos da constelação familiar de Bert Hellinger*. Disponível em: <https://www.jrmcoaching.com.br/blog/como-a-adocao-pode-ser-bem-sucedida-aos-olhos-da-constelacao-familiar-sistemica-de-bert-hellinger/>. Acesso em: 22 nov 2018.

NOGUEIRA, W. G. *Princípio da proteção integral da criança e do adolescente*. Disponível em: <https://wgomes92.jusbrasil.com.br/artigos/140564425/principio-da-protecao-integral-da-crianca-e-do-adolescente>. Acesso em: 18 nov 2018.

PARANÁ. Ministério Público do Paraná (MPPR). *Criança e adolescente* (12/04/2018). Legislação - A Lei nº 13.509/2017 e as alterações do ECA. Disponível em: <http://www.crianca.mppr.mp.br/2017/12/19885,37/>. Acesso em: 05 dez 2018.

SAMPAIO, H. *3 principais passos para o sucesso na adoção*. Disponível em: <http://www.gravidezinvisivel.com/3-principais-passos-para-o-sucesso-na-adocao-por-heloisa-sampaio/>. Acesso em: 18 nov 2018.

VILELA, N. *A evolução legislativa da adoção no ordenamento jurídico brasileiro*. Disponível em: <https://jus.com.br/artigos/48684/a-evolucao-legislativa-da-adocao-no-ordenamento-juridico-brasileiro>. Acesso em: 16 nov 2018.

WEBER, L. *Adoção*. Disponível em: <https://twitter.com/cnj_oficial/status/368900640937766913>. Acesso em 05 dez 2018.

9

Abordagem sistêmica dos conflitos na Justiça do Trabalho

Wanda Lúcia Ramos da Silva

Wanda Lúcia Ramos da Silva

Juíza do Trabalho do TRT 18ª Região, titular da 16ª Vara do Trabalho de Goiânia/GO. Coordenadora Pedagógica da Escola Judicial do TRT18 desde 2015. Ministrou aulas na Escola Nacional de Formação de Magistrados – ENAMAT, e nas Escolas Judiciais dos Tribunais da 14ª, 7ª, 6ª e 5ª Regiões. Mediadora judicial certificada pelo Tribunal de Justiça de Goiás. Integrante do Conselho do CEJUSC-JT18 e do NUPEMEC-JT18. Agraciada com a menção honrosa na 8ª edição do PRÊMIO CONCILIAR É LEGAL do CNJ, na categoria Instrutores em Mediação e Conciliação, pela prática "Curso de Capacitação e Aperfeiçoamento de Conciliadores e Mediadores Judiciais no TRT18".

Abordagem sistêmica dos conflitos na Justiça do Trabalho

Introdução

Mesmo sendo altamente produtivos, os juízes brasileiros não conseguem dar vazão ao estoque de 80 milhões de processos que abarrotam o Poder Judiciário. O CNJ apontou que em 2017 cada magistrado resolveu a média de sete processos por dia, o que representa uma carga de trabalho avassaladora, considerando que, além do trabalho produção intelectual da sentença, com todas as escolhas jurídicas e éticas envolvidas, o juiz ainda tem sob sua responsabilidade, diariamente, despachos, audiências e questões relacionadas à gestão da equipe.

A Justiça teria que fechar as portas por mais de três anos, sem admitir novos casos, para resolver o estoque acumulado; ou onerar o orçamento público, gastando além dos 84,8 bilhões de reais já usados pelo setor, a fim de aumentar a estrutura física e de pessoal. Nenhuma dessas soluções é viável. É imperioso, portanto, buscar a via das soluções alternativas, o que demandará uma mudança que incorpore organicamente os conceitos, valores e técnicas adequadas a esse novo modelo.

Este artigo pretende tangenciar uma nova abordagem do conflito no âmbito do Poder Judiciário que contemple a busca de soluções sistêmicas para a crise da instituição estatal de entrega da justiça.

Panorama legal da resolução de conflitos no Brasil

A constatação da ineficiência na entrega do serviço público de justiça e a consciência da necessidade de mudanças estruturais que considerem as causas da cultura demandista tem levado à abertura do aparato estatal a novas portas de acesso à solução das disputas de interesses. Em vez da porta única representada pela solução imposta pelo juiz, o Poder Judiciário incluiu as possibilidades de solução de controvérsias nas quais a intervenção do terceiro alheio à relação entre as partes se dá com o propósito de facilitar o diálogo para que os próprios envolvidos achem a melhor maneira de recompor a relação.

Os métodos consensuais e a decisão judicial, nesse novo cenário, são equivalentes jurisdicionais. A decisão judicial permanece com função residual, destinada a conflitos de maior complexidade, temas destinados a formar ou derrubar precedentes e aqueles que esgotaram sem acordo as etapas anteriores.

A conciliação e a mediação são os meios consensuais expressamente admitidos nos diplomas legais e normativos (Resolução 125/10 do CNJ, CPC/15, Lei de Mediação, Resolução 174/16 do CSJT), mas a legislação não exclui outros métodos, tais como oficinas de parentalidade, *workshops* de constelação familiar, círculos restaurativos, dentre outros.

Diferenças entre os paradigmas adjudicatório e conciliatório

A demanda judicial é a ponta do *iceberg* do conflito, sendo que fatores submersos não juridicamente tutelados, tais como mágoa, raiva, tristeza, vingança, dentre outros, influem na motivação e na postura das partes, de forma consciente ou não. A concepção sistêmica do conflito é o único meio capaz de abordar o conflito em seu aspecto manifesto e oculto.

A distinção entre a solução imposta pelo Estado e aquela construída pelas partes é de uma utilidade pragmática indiscutível: a sentença olha para o passado a fim de apontar erros, enquanto o acordo olha para a solução, e, portanto, para o futuro. A sentença define os culpados, enquanto o acordo aponta responsabilidades e possibilidades de reparação. A sentença demarca a divisão entre os envolvidos, enquanto o acordo possibilita a interconexão das influências recíprocas. A sentença se limita à relação entre as partes e aos estritos limites do pedido, enquanto o acordo expande seus efeitos para o círculo de relações e interesses dos envolvidos. A sentença estimula a conflituosidade fora do Poder Judiciário e alimenta a cultura da judicialização, enquanto o acordo previne novos litígios e possibilita o desafogamento do Judiciário.

Abordagem sistêmica de um conflito trabalhista

O relato a seguir trata de um conflito real solucionado com apoio da teoria de Bert Hellinger dentro da Justiça do Trabalho. O caso não demandou o desenvolvimento de uma Constelação Familiar clássica, mas a simples observação da dinâmica oculta das partes sob a luz dos princípios sistêmicos.

Paula (nome fictício) ajuizou uma ação trabalhista pedindo reconhecimento de vínculo de emprego em face de uma casa de apoio para dependentes químicos. Na petição inicial narrou que havia trabalhado mais de um ano no abrigo para homens em tratamento de dependência química, sendo responsável por cozinhar, limpar e lavar, morando nas dependências da instituição filantrópica, sem registro em carteira. Pediu reconhecimento do vínculo trabalhista, anotação na CTPS, verbas trabalhistas e rescisórias.

A defesa negou peremptoriamente a existência do vínculo de emprego.

O fato de se tratar de causa envolvendo a toxicodependência apontava para a dinâmica oculta da ausência do pai. A abordagem estritamente jurídica não conseguiria abarcar demanda sistêmica, embora pudesse, com rapidez, extinguir o processo com resolução do mérito. A leitura dos autos apontava para a incidência da prescrição pelo decurso de dois anos entre a saída da reclamante das dependências do abrigo e o ajuizamento da ação. As partes sequer tinham entrado na sala de audiência e uma decisão legalmente sustentável já era possível ser proclamada em poucos minutos, com base nos arts. 7º XXIX da CF e 11 da CLT.

Para Bert Hellinger, o vício é o substituto para a ausência do pai. Pontua ele: *"Torna-se viciado aquele a quem falta algo. Para ele, o vício é um substituto. Como curamos um vício em nós? Reencontrando aquilo que nos falta. Quem ou o que falta no caso de um vício? Geralmente é o pai. Ninguém é capaz de sentir-se inteiro e completo sem seu pai."* (HELLINGER: 2014, p. 110).

A fim de preservar-lhes a intimidade, as partes foram separadas em ambientes distintos, com seus respectivos advogados. Após concordância expressa em participar desse "outro jeito de conversar", foram sugeridas algumas dinâmicas com uso de representantes, âncoras de solo e frases de apoio, utilizando o método sistêmico e a força do campo de informações.

A reclamante, cujo pai é alcoolista, percebeu seu envolvimento na dinâmica transgeracional, resultando na repetição de padrões familiares inconscientes, ditados pela exclusão do pai e sucessivas escolhas de parceiros em situação de similar dependência. Ela conseguiu se colocar no seu lugar de filha perante o pai e perceber que uma mudança de postura interna que esse lugar lhe proporcionava resultava na descoberta de que apenas perante as gerações posteriores ela poderia se considerar superior na ordem hierárquica de entrada no sistema, não sendo possível "salvar" o pai de seu destino, ao repeti-lo.

Ao abrigo foi possível vislumbrar a amplitude que o trabalho assistencial poderia atingir com a inclusão dos pais dos internos, por meio de representação e reverência aos seus pesados destinos. O essencial foi apreendido pela instituição: os pais são sempre maiores do que os cuidadores, ficando claramente restabelecido o lugar hierárquico apropriado na ordem de chegada ao sistema, bem como a primazia da transmissão da vida, bem maior inegociável e insuscetível de substituição. Significativamente, a crítica aos pais pelo "abandono dos filhos no abrigo" enfraquecia o mais valioso recurso para a cura, que é a presença do pai e seu potencial de reestruturação da ordem e pertencimento ao sistema. Nas palavras de Bert: *"Aquele que ajuda é bem-sucedido quando se coloca ao lado do mais excluído e desprezado. Isso apresenta o maior efeito"*. (HELLINGER: 2015, p.79).

Abdicando da prescrição, as partes chegaram a um acordo que simbolizou as trocas produtivas facilitadas pela abertura das partes e advogados ao diálogo e à compreensão sistêmica. (Relato descrito pela primeira vez em artigo publicado na *Revista Eletrônica do TRT18*, 2015).

As leis sistêmicas, segundo Bert Hellinger

A compreensão linear e mecanicista da realidade que dominou a ciência até o século XX vem sendo superada pela visão unificada da vida, com a interconexão de todos os elementos, em suas dimensões, biológicas, cognitivas, sociais e ecológicas. *"Descobrimos que o mundo material, em última análise, é uma rede de padrões de relações inseparáveis; que o planeta como um todo é um sistema vivo e autorregulador. A visão do corpo humano como uma máquina e da mente como uma unidade separada está sendo substituída por outra, para a qual não apenas o cérebro, mas também o sistema imunológico, cada tecido corporal e até mesmo cada célula é um sistema vivo e cognitivo*". (CAPRA e LUISI: 2014, p.113)

Esse novo paradigma desafia o mundo do Direito, que passará da concepção cartesiana do processo como o encadeamento de atos predefinidos de causa e efeito para a concepção globalizada e reticular. Em vez de centrado na decisão judicial como exercício do poder, o mundo do Direito caminhará para o fortalecimento da capacidade de decisão dos próprios interessados, saindo da hierarquia para o relacionamento em rede.

A interdisciplinaridade é uma exigência do paradigma emergente, resultando daí a propriedade do uso de aportes filosóficos trazidos por Bert Hellinger, terapeuta alemão que sistematizou seus princípios nas denominadas Leis Sistêmicas dos Relacionamentos, aplicando-as em seu trabalho de consultor de famílias, organizações e escolas, por meio do método das Constelações Familiares.

Ao discorrer sobre as Leis Sistêmicas elaboradas por Bert Hellinger, honramos seu pioneirismo na criação de um método de grande usabilidade, ao mesmo tempo em que expressamos nossa gratidão a este homem, pela sua incansável dedicação à formação de terapeutas brasileiros na última década.

A primeira Lei Sistêmica apreendida por Bert Hellinger é a do pertencimento ou vínculo. Pertencem ao sistema familiar todos os indivíduos gerados no interior da família, iniciando com a concepção e não cessando após a morte. A exclusão de algum membro do sistema gera desequilíbrio na teia de relacionamentos. A exclusão se dá geralmente por razões de cunho moral ou decorrente de acontecimentos funestos ou trágicos no interior da família. Tendo em vista que a família é um sistema íntegro e maior que a soma de suas partes, a exclusão o desestabiliza, fazendo com que a inteligência oculta do sistema aja no sentido de retomar a integridade da rede interna de vínculos, comumente através de comportamentos deslocados denominados "emaranhamentos".

A segunda lei elaborada por Hellinger, da hierarquia, é um parâmetro de regularidade do sistema caracterizado pela ordem de entrada no sistema, definido pela sequência do nascimento, no caso das famílias, e inserção, no caso das organizações. A ordem de precedência determina o plexo de interações entre seus membros, de forma que os mais velhos sejam reconhecidos no lugar apropriado, desempenhando a tarefa de criar condições de sobrevivência e orientação aos mais novos, até serem substituídos pelos mesmos, em fluxo positivo com a vida que passa de geração a geração.

A terceira Lei Sistêmica de Bert Hellinger é a do equilíbrio entre o dar e o tomar (receber ativamente), que estabelece o parâmetro para o relacionamento entre membros de igual hierarquia dentro do sistema. Dar e tomar gera trocas produtivas em relações simétricas, por exemplo, entre parceiros amorosos ou entre celebrantes de contratos bilaterais com obrigações recíprocas. Dar algo, de natureza material ou imaterial, gera uma expectativa de troca por parte de quem deu e uma pressão pela compensação do ganho naquele que recebeu, que deseja involuntariamente compensar o recebido, promovendo uma escalada positiva no relacionamento. Por seu turno, a recusa em retribuir o recebido gera desestímulo a novas doações, o que propulsiona um ciclo negativo que destrói o relacionamento.

Grande parte das ações trabalhistas são causadas no âmbito do desequilíbrio das trocas. O contrato de trabalho é um contrato sinalagmático, ou seja, constituído entre iguais em termos de aptidão legal para contratar, cada um se dispondo a dar o que a sua condição pessoal, social e financeira apresenta como recurso de troca. Um empregado se dispõe a dar sua força de trabalho, executando determinada tarefa, por determinado número de horas. Em troca, o patrão se compromete a atribuir a ele um trabalho ou tarefa, garantindo as condições de sua execução, o ambiente hígido e a matéria prima necessária. Conflitos surgem quando há um desequilíbrio nesta troca, quando qualquer dos lados dá menos do que o contratado, intensificando uma espiral negativa que pode redundar em ação judicial.

A apreensão, pelo profissional do Direito, desses princípios sistêmicos poderá resultar em uma atuação produtiva que caminhe da solução adjucatória para um resultado que fortaleça a capacidade de autogestão dos conflitos.

Conclusão

O âmbito judicial não é o lugar de pertencimento da atividade terapêutica, razão pela qual é necessário honrar o *setting* onde cada intervenção é adequada. Não insinuamos que juízes e servidores busquem curar as disfunções geradas pela subversão dos princípios sistêmicos nas famílias e organizações. Mas sugerimos que adotem a multidisciplinaridade para compreensão dos conflitos e para a utilização dos recursos disponíveis, visando soluções de longo alcance. O benefício secundário para os operadores do Direito seria a observância em suas próprias famílias dos parâmetros sistêmicos para uma vida congruente e enriquecedora.

Para alcançar esse desiderato são necessárias duas ordens de investimento: a primeira, o aprimoramento das técnicas de comunicação catalogadas pela Teoria do Conflito, que são excelentes ferramentas para provocação de mudanças, tais como o *rapport*, a empatia, a escuta ativa etc., legitimadas pelas Resoluções do CNJ e CSJT para o trabalho em conciliação e mediação no Judiciário.

A segunda é o debruçar do operador do Direito sobre si mesmo e seu sistema. Quanto maior seu autoconhecimento, mais livre ele fica para uma escuta qualificada, ou seja, sem prévio julgamento, sem intenção de mudar o sistema alheio e sem medo de intervir se e quando necessário. Situando-se no lugar que lhe é próprio, o juiz ou servidor não corre o risco de confundir as suas demandas emocionais com as das partes, evitando a identificação projetiva (conf. Freud). A coragem de enxergar com alteridade abre espaço para o que é diferente, esdrúxulo e até repulsivo no modo de vida alheio. O atributo maior desta coragem é a empatia, que só pode ser alcançada com um olhar livre de julgamentos, assim consideradas as comparações de cunho moral entre o "certo" e "errado" a partir das próprias concepções.

A função judicial, neste novo paradigma, deve ser capaz de promover a reconciliação, quando possível, e, em caso de ser necessária a decisão imperativa do Estado-Juiz, deve também ser capaz de promover a justa medida para a recomposição do dano. Assim o fazendo, a decisão judicial tem o mérito de recompor o dano, sem gerar novos desequilíbrios. A isso chamamos de soluções sistêmicas no âmbito judicial.

Referências bibliográficas

BRASIL. CNJ. RELATÓRIO JUSTIÇA EM NÚMEROS 2017 (ano-base 2016).

BRASIL. CNJ. MANUAL DE MEDIAÇÃO JUDICIAL, 6ª ed., 2016.

CAPRA, F.; LUISI, P. L. **A Visão Sistêmica da Vida:** uma concepção unificada e suas implicações filosóficas, políticas, sociais e econômicas. São Paulo: Cultrix, 2014, p. 113.

HELLINGER, B. **A cura:** tornar-se saudável, permanecer saudável. Belo Horizonte: Atman, 2014, p. 110.

HELLINGER, B. **Olhando para a alma das crianças.** Belo Horizonte: Atman, 2015, p. 79.

SILVA, W. L. R. da. Artigo Doutrinário: O Trabalho do Juiz sob a Perspectiva Sistêmica. Disponível em **Revista Eletrônica TRT18**. Goiânia, Ano 15, 2015.

10

O uso de práticas sistêmicas em processos judiciais

Yulli Roter Maia
Ana Amélia Maciel

Yulli Roter Maia

Juiz de Direito do Tribunal de Justiça do Estado do Alagoas, Titular da 2ª Vara Cível da Comarca de União dos Palmares, Constelador Familiar e Organizacional pela InfoSyon

Ana Amélia Maciel

Servidora da Defensoria Pública do Estado do Rio Grande do Sul e Consteladora Familiar pela Universidade de Caxias do Sul.

O uso de práticas sistêmicas em processos judiciais

> "O sistêmico nos faz mais humanos e o humano nos leva a ser mais sistêmicos."
> Guillermo Echegaray

Resumo

Diante do notável crescimento da aplicação dos métodos sistêmicos no Judiciário brasileiro, torna-se necessário compreender em que consistem tais práticas e como podem ser aplicadas pelos profissionais da área jurídica. Além disso, cumpre reconhecer o Judiciário como um sistema anteriormente instituído, que cresce e evolui ao agregar ferramentas importantes para a resolução de conflitos. Tais métodos têm por finalidade ampliar a consciência das partes envolvidas no conflito, lhes possibilitar uma nova perspectiva da situação e facilitar que construam a solução da lide. Nesse contexto, o papel do profissional da área jurídica, que aplica os métodos sistêmicos, merece especial análise para que se compreenda como é possível atuar de forma segura e respeitar os limites do campo profissional jurídico e terapêutico.

Palavras-chave

Direito. Teoria dos Sistemas. Constelações Familiares. Pertencimento. Crescimento.

1. Origens dos métodos sistêmicos

A aplicação das constelações familiares no Judiciário teve início em 2012, com o juiz de Direito do Tribunal de Justiça da Bahia, Sami Storch. Desde então, o trabalho atingiu resultados expressivos e foi reconhecido pelo Conselho Nacional de Justiça como método eficaz para elevar os índices de conciliações, expandindo-se para 16 estados da federação. (OTONI e FARIELLO, 2018).

Inicialmente, cumpre que se teçam breves comentários acerca da origem dos métodos sistêmicos. Indispensável, portanto, reportar-se às constelações familiares, desenvolvidas na década de 80 pelo filósofo alemão Bert Hellinger, com aplicação precípua no campo dos problemas familiares e pessoais.

Desde seu surgimento houve grande evolução, inclusive com a possibilidade de aplicação da técnica em diversas áreas, como a organizacional, jurídica, pedagógica, da saúde, entre outras.

As constelações familiares, em linhas gerais, consistem no processo de perceber as informações dispostas por representações de pessoa ou questões escolhidas pelo constelado (cliente). Hellinger se deparou, nos anos 70, com esta fenomenologia a partir do trabalho de Virginia Satir, psicoterapeuta, que utilizava o método "esculturas familiares", em que uma pessoa estranha era convocada para representar membros da família do cliente, que passava a se comportar tal como o representado, sem mesmo tê-lo conhecido.

Não se pode deixar de mencionar o psicodrama de Jacob Levy Moreno (1889) que também contribuiu para o desenvolvimento do trabalho de Hellinger, consistente em os pacientes desempenharem papéis em uma dramatização que tem por escopo identificar comportamentos e sentimentos sabotadores desconhecidos pela pessoa e, então, eliminá-los. (CARVALHO, 2018, p. 27).

Através das disposições e sentimentos apresentados pelos representantes, o constelador pode fazer observações com base nos princípios das constelações familiares, a fim de restabelecer o pertencimento, a ordem ou o equilíbrio nessas relações.

Gunthard Weber foi quem difundiu o emprego das constelações no campo organizacional. Por sua vez, Matthias Varga von Kibed e sua esposa Insa Sparrer conferiram expressivo nível de abstração teórica e embasamento filosófico ao que denominaram constelações estruturais. Conceberam a ideia de constelações como forma de linguagem, a partir do entendimento profundo da teoria dos sistemas, proporcionando a aplicação das constelações como método.

A abordagem estrutural das constelações, desenvolvida por Matthias Varga e Insa Sparrer, prioriza o aspecto sobre como se estabelecem as dinâmicas entre os elementos na estrutura de um sistema. Assim, as constelações estruturais, como forma de linguagem, possuem uma gramática por meio da qual se podem expressar inúmeras situações em diversos campos, inclusive o jurídico.

Não se pode avançar sem mencionar que os conflitos vivenciados pelas pessoas, muitas vezes, decorrem de dinâmicas sistêmicas transgeracionais, a indicar a necessidade de uma mudança de perspectiva do que é sentido pelo cliente, consequentemente, alcançada maior paz interior normalmente percebida pelo constelado através de um alívio. Como exemplo, podemos citar um homem que vive uma relação conflituosa com sua esposa, por não lhe dar a atenção devida, pois ainda se preocupa muito com a sua genitora. Ora, isso se deve ao fato de que há, possivelmente, uma lealdade entre filho e mãe capaz de fazer com que este ainda não se sinta esposo ou pai. Várias questões podem decorrer desta dinâmica, tal como a falta de responsabilidade para arcar com um eventual débito alimentar ou mesmo abandono afetivo dos filhos.

Enquanto não se fizer a mudança de perspectiva acima descrita, o conflito permanece e processos cada vez mais conturbados serão ajuizados.

2. O processo judicial como um sistema aberto: o sistema multiportas do novo Código de Processo Civil

Natureza jurídica do uso das constelações sistêmicas no Poder Judiciário

O processo judicial é o meio pelo qual se concretiza o poder jurisdicional, o qual possui como escopo a pacificação social. Ora, seria possível uma instância na Justiça que lograsse a paz, sem a necessidade do processo? Se a resposta for negativa, o processo judicial será um sistema fechado, no sentido de que seria um meio necessário para alcançar a finalidade precípua da jurisdição. Caso contrário, se o legislador possibilita outras instâncias, poder-se-á considerar como um sistema aberto.

Neste diapasão, o legislador do Código de Processo Civil de 2015[1] e o Conselho Nacional de Justiça, em sua resolução nº 125[2], estabeleceram que:

O legislador processual de 2015 já clareou a natureza jurídica das formas alternativas ao Poder Judiciário com fins à pacificação social, em seu art. 3º, § 3º: métodos de solução consensual de conflitos, incluindo-se aí o uso das constelações sistêmicas.

---

[1] Art. 3º Não se excluirá da apreciação jurisdicional ameaça ou lesão a direito. § 3º A conciliação, a mediação e outros métodos de solução consensual de conflitos deverão ser estimulados por juízes, advogados, defensores públicos e membros do Ministério Público, inclusive no curso do processo judicial. Art. 165: "os tribunais criarão centros judiciários de solução consensual de conflitos, responsáveis pela realização de sessões e audiências de conciliação e mediação e pelo desenvolvimento de programas destinados a auxiliar, orientar e estimular a autocomposição".

[2] Art. 1º Fica instituída a Política Judiciária Nacional de tratamento dos conflitos de interesses, tendente a assegurar a todos o direito à solução dos conflitos por meios adequados à sua natureza e peculiaridade.

Acresça-se que, com tais dispositivos, se institucionalizou o sistema multiportas, dando-se a oportunidade para que o conflito seja dirimido por meios alternativos ao Poder Judiciário, através da conciliação e mediação. Por oportuno, entende-se que, ao se viabilizar que as próprias partes solucionem suas próprias questões, a solução terá mais legitimidade e, por conseguinte, maior possibilidade de engajamento das partes em se adequar aos seus ditames.

Passa-se a expor a necessidade de o processo judicial ser um sistema aberto, a fim de lograr maior legitimidade democrática de suas decisões:

> A Teoria Geral dos Sistemas, difundida por Ludwig von Bertalanffy no final da década de 60, deu visibilidade e caráter científico ao entendimento de que os elementos de sistemas devem ser considerados não de forma isolada, mas como integrantes de um todo. Nas palavras de Bertalanffy (1976, p. 1):
>
>> *Um sistema se define como um complexo de elementos em interação, interação essa de natureza ordenada (não fortuita). Tratando das características formais das entidades denominadas sistemas, a teoria geral dos sistemas é interdisciplinar, isto é, pode ser usada para fenômenos investigados nos diversos ramos tradicionais da pesquisa científica. Ela não se limita aos sistemas materiais, mas aplica-se a qualquer todo constituído por componentes em interação.*

Pode-se afirmar que o sistema passa a existir quando as questões caóticas que ocorrem são normatizadas, gerando algo operacionalmente fechado que dá sustentação. Entretanto, a despeito de serem operacionalmente fechados, são cognitivamente abertos[3], no sentido de que recebem diversos estímulos do meio ambiente.

---

[3] Os sistemas podem ser entendidos como abertos ou fechados. São fechados no que se refere à diferenciação em relação ao ambiente e à capacidade de autoprodução. São abertos a partir do exercício de auto-observação, o que consiste em um produto do próprio sistema e, ao mesmo tempo, "um pressuposto para a autopoiese", visto que influi em seu desenvolvimento posterior (MAGALHÃES, 2013, p. 291).

Ora, o processo, como um instrumento do Direito, deve seguir as suas mesmas diretrizes, ou seja, ser um sistema operativamente fechado, mas cognitivamente aberto, como enuncia Niklas Luhmann, divergindo da teoria pura do Direito de Kelsen, que entendia ser um sistema operativa e cognitivamente fechado.

Na seara do Direito, a aplicação da teoria de Luhmann significa uma mudança profunda na estrutura do sistema jurídico tradicional. Isso porque, pela perspectiva sistêmica, como método hermenêutico de análise dos conflitos judiciais, o operador do Direito convida as partes a observar sob outra perspectiva a situação em que estão inseridas. Assim, há muito mais chances de evitar a continuidade do conflito por meio de novas demandas.

A visão sistêmica, como método hermenêutico, compreende o entendimento de que as partes compõem, antes de mais nada, um sistema familiar com suas respectivas implicações, e o movimento que geram, ao provocarem o Poder Judiciário através da ação proposta, pode contribuir para a evolução dos seus sistemas de origem.

Ciente disso, o Poder Judiciário pode não apenas restringir-se à aplicação do Direito positivado, mas ir além no exercício da atividade jurisdicional e empenhar esforços no sentido de buscar, na interdisciplinaridade, métodos que contribuam para a solução do conflito que lhe foi apresentado.

Isso implica o entendimento do processo judicial como um sistema aberto que, na interação com o ambiente (fora do sistema do Direito), constrói novas soluções, evolui e cresce, pressupondo, desde logo, que não há um único resultado certo nem errado para o processo, mas há um crescimento organizado e autopoietico[4], nada obstante o Direito positivado siga sendo respeitado.

---

[4] Autopoiese é palavra de origem grega que significa autoprodução. O termo foi utilizado pela primeira vez em 1974, por Varela, Maturana e Uribe, para demonstrar que os seres vivos são sistemas que produzem a si mesmos e recompõem esse sistema, de forma contínua (MARIOTTI, 1999).

Note-se que se trata de ampliar e agregar as formas de exercer a jurisdição, não apenas tendo o processo como um fim em si, mas considerando-o como um sistema que pode buscar, para além de suas consagradas estruturas, elementos que promovam crescimento e evolução.

O julgamento que visa à imediata resolução do processo e se descuida da efetiva resolução do conflito pode implicar a perpetuação da lide e a proposição de novas demandas, o que sobrecarrega ainda mais o Judiciário.

3. Constelações Estruturais e o Ambiente Forense

As constelações estruturais possuem um paralelismo estrutural com o que ocorre na vida real; logo, os métodos estruturais podem ser aplicados a qualquer situação.

Isso porque o que se constela é a estrutura sistêmica, ou seja, a forma como os elementos estão interconectados entre si. Então, esses elementos podem ser os departamentos de uma empresa, os integrantes de uma família ou as partes de um processo. Importa como se estabelece o esquema de relações, diferenças e interações.

No método estrutural, o objeto da constelação é a pergunta do sujeito e a resposta será modulada de acordo com a pergunta feita. Ou seja, não existe uma única constelação possível sobre um assunto, de modo geral. Não existe uma única resposta, ou a verdade absoluta. A resposta (e a constelação) tem relação direta com aquela pergunta formulada pela pessoa que busca a constelação.

Nesse sentido, é importante uma entrevista, um diálogo bastante claro acerca da pergunta a que o sujeito pretende responder, pois a constelação poderá ser diferente a depender da pergunta constelada.

Paradoxalmente, o processo de investigação da pergunta implica que o facilitador faça perguntas, ou seja, questione o sujeito, a fim de esclarecer o máximo possível o que se pretende com a constelação.

Ocorre que, não raras vezes, essa atividade de questionar o interlocutor – e que remete a uma espécie de exercício de maiêutica[5] – é capaz de mobilizar diferentes percepções no indivíduo, abrindo a consciência para novas possibilidades de enfrentar determinados assuntos, sem que haja a necessidade de uma constelação com representantes.

A postura do operador do Direito, a partir do conhecimento dos princípios e métodos sistêmicos, aplicados à formulação de perguntas, pode ser um valoroso instrumento para dissolver conflitos e extrair do sujeito os elementos hábeis para compor a solução.

Inquestionável a valiosa contribuição de todas essas abordagens, bem como a importância de se trabalhar o campo emocional do indivíduo. Todavia, pode ser questionável a adequação da realização de uma constelação tradicional por operadores do Direito, considerando que as partes podem ter passado por traumas, mormente, porque o profissional da área jurídica não é (nem se pretende que seja), em regra, uma pessoa tecnicamente capacitada para prestar atendimento terapêutico ou psicológico.

4. Finalidade dos métodos sistêmicos: o aumento da consciência do constelado e a construção da solução

A abordagem sistêmica compreende o modo como se estabelecem as relações entre os elementos e, consequentemente, considera o contexto que os envolve. Portanto, a maneira como

---

[5] Constitui, em apertada síntese, o método empregado por Sócrates que consistia em fazer múltiplas perguntas, a fim de conduzir o interlocutor ao âmago de determinado assunto e à descoberta daquilo que era verdadeiro para a pessoa.

determinado elemento se comporta pode variar de acordo com o contexto em que se encontra.

Logo, o pensamento sistêmico afasta-se da ideia de delimitar, definir, conceituar os seres humanos. Trata-se de compreender que em determinado contexto alguém pode ter certo comportamento, porém, se alteradas as circunstâncias, esse comportamento também é modificado.

Não significa que a pessoa é absolutamente vulnerável ao meio em que está inserida, visto que ela também influencia esse meio. Significa desenvolver o senso de responsabilidade e a consciência da capacidade de construir um contexto favorável, um ambiente propício para comportamentos melhores, mais saudáveis e menos conflituosos.

Isso implica que a pessoa amplie sua consciência sobre a situação, porém, não é necessário adentrar de forma profunda em questões emocionais – especialidade do campo terapêutico: basta que a pessoa seja capaz de perceber a situação de outra forma, observar que não existe apenas o seu ponto de vista, ampliar a percepção.

Portanto, no âmbito do Judiciário, o aplicador de tais métodos deve ter os conceitos sistêmicos como pressuposto hermenêutico, sendo que sua função é ampliar a consciência e a percepção sobre o objeto da lide, a fim de eduzir (tirar de dentro), extrair das partes que compõem o litígio uma solução possível, ou, ao menos, as primeiras ações voltadas à dissolução do conflito. Para esse trabalho, como já referido, a formulação de perguntas sistêmicas pode ser uma excelente ferramenta.

Nessa esteira, é de máxima relevância compreender que as constelações estruturais têm como sustentáculo a abordagem construtivista, ou seja, a solução da pergunta será elaborada a partir das percepções e observações do sujeito que a pretende. Em outras palavras, a solução não virá de fora, não está alienada daquilo que é importante para as partes, pelo contrário, a solução será construída por elas.

O jurisdicionado deve estar apto a construir essa solução. O operador do Direito precisa ter bastante clareza do caráter construtivista dessa solução, ou seja, não é ele quem vai dizer o que é melhor para o sujeito.

Esse é um caminho que tende a ser mais eficaz no sentido de dissolver o conflito, pois há um comprometimento da pessoa, na medida em que ela participou da construção daquela solução. Logo, também se sente responsável em manter essa nova postura, esse novo contexto favorável à solução.

Assim, é possível conceber a aplicação dos métodos sistêmicos e de uma abordagem mais humana, sem o risco de que o profissional da área jurídica venha a se imiscuir na situação, comprometendo a equidistância – e, no caso do juiz, a imparcialidade – compatível com a atividade jurídica.

5. Possibilidade do uso dos métodos sistêmicos por operadores do Direito

A abordagem construtivista das constelações estruturais permite que o facilitador dos métodos sistêmicos atue de forma segura, dentro do que lhe cabe enquanto profissional da área jurídica, e não do campo terapêutico.

A propósito, é expressamente vedada pelo Estatuto da Advocacia a divulgação da atividade de advogado vinculada a qualquer outra[6]. Logo, o atendimento terapêutico aliado à advocacia infringe as normas que regulamentam a profissão de advogado, sendo passível de sanção.

Contudo, é possível aplicar os métodos sistêmicos de forma que não caracterize atendimento terapêutico, a fim de que o profissional da área jurídica possa se resguardar dentro dos limites de sua profissão, considerando a adequação ao ambiente jurídico. Neste aspecto, as constelações estruturais são um método bastante propício por sua característica menos emocional e mais técnica.

---

[6] Artigo 1º, §3º, da Lei nº 8.906/94

Oportuno, porém, destacar que não se pretende excluir ou depreciar as constelações familiares, pelo contrário, uma análise cuidadosa permite compreender ambas as abordagens de forma complementar e não antagônica.

A abordagem construtivista, das constelações estruturais, indica que o facilitador reconhece a capacidade do indivíduo de se colocar como adulto diante da vida e de encontrar a solução de seus próprios problemas.

Hellinger, nesse aspecto, aportou notável contribuição no campo das constelações familiares ao tratar dos cinco princípios que devem nortear o trabalho do facilitador de constelações, o que denominou "ordens da ajuda".

Dentre as cinco ordens da ajuda, merece atenção a terceira delas que, segundo Hellinger, consiste em o ajudante se colocar como "adulto perante outro adulto que procura ajuda" e, assim, evitar uma relação de transferência em que o ajudante assuma uma postura paternal ou maternal perante o indivíduo (2013, p. 17).

Observa-se que a natureza construtivista das constelações estruturais, paralelamente à terceira ordem da ajuda, evidencia a importância de um tratamento que reconheça a autonomia do cliente ou jurisdicionado, ao tratá-lo como sujeito responsável por sua vida e capaz de desenvolver a solução de suas demandas.

Porém, nem sempre o jurisdicionado se coloca como adulto. Nem sempre o indivíduo possui condições de construir saudavelmente uma solução para seus próprios conflitos. Como o operador do Direito irá identificar a pessoa nesta situação? Por exemplo, será que uma mulher constantemente desrespeitada durante o vínculo matrimonial por seu esposo, se reportando constantemente aos fatos que a levaram ao seu atual sofrimento, terá condições, por si mesma, de assumir uma postura adulta?

O psicoterapeuta alemão Franz Ruppert (2012, p. 80) distingue bem a pessoa que está ligada ao seu trauma e não possui a capacidade de percepção aberta da realidade e indisposição para assumir adequadamente a responsabilidade. Seu método divide a personalidade após uma experiência traumática em: partes saudáveis, partes de sobrevivência e parte traumatizada.

Caso a pessoa não consiga superar de forma saudável sua parte traumatizada, o indicado é se fazer um processo terapêutico. Ao revés, se a pessoa tem condições de construir uma solução para seus conflitos pessoais, há como o operador do Direito utilizar métodos sistêmicos, seja o uso de constelações sistêmicas, seja através de perguntas circulares ou abertas que conduzam o jurisdicionado ou cliente a reflexões.

Destaca-se que as partes traumatizadas sempre estão alertas e podem ser disparadas a qualquer momento, mantendo o foco na intranquilidade na psique e permanecem na idade que tinham quando ocorreu o trauma, isto porque elas ficam bloqueadas através de um mecanismo para não sofrer outra vez.

Pode-se vislumbrar que o uso de perguntas circulares ou abertas possui menor possibilidade de retraumatizar o jurisdicionado ou cliente do que as constelações sistêmicas, notadamente quando se trata de pessoas acometidas por traumas intensamente atuantes em sua psique. Para tanto, se faz necessário que a entrevista inicial seja realizada na presença de psicólogo ou que a prática seja condicionada a um prévio inventário de perguntas, com a finalidade de saber se o indivíduo possui capacidade emocional para construir uma solução para seu conflito.

6. Limites do uso dos métodos sistêmicos pelos operadores do Direito

6.1. Magistrados

A Constituição da República de 1988 enuncia em seu art. 94, parágrafo único, inciso I, que é vedado ao Magistrado exercer, ainda que em disponibilidade, outro cargo ou função, salvo uma de magistério.

Resta claro que o Magistrado não pode realizar qualquer outra profissão que não seja a da judicatura, à exceção do magistério. Porém, há de se indagar se o Magistrado, para fins de lograr acordo judicial, poderia fazer terapia. O art. 156 do Código de Processo Civil indica que, quando houver necessidade de conhecimento técnico ou científico, o juiz "será" assistido por perito, ou seja, é necessário que assim o seja, diante da conjugação verbal utilizada.

A questão é se o uso dos métodos sistêmicos se trata de conhecimento técnico, que necessite da indicação de outra pessoa, tal como um perito, ou se pode o magistrado o utilizar por ser atinente à atividade judicial.

Ora, como acima mencionado, as constelações e as ferramentas sistêmicas possuem a natureza jurídica de método alternativo de solução de conflitos, atividade inerente, em regra, do magistrado, pois tem por escopo justamente alcançar a pacificação social, tal como a jurisdição.

Porém, não se pode dizer o mesmo se o jurisdicionado apresentar traumas que necessitem ser tratados visando a solução do conflito, pois, neste caso, o uso dos métodos sistêmicos deve ser realizado por um terapeuta.

Ponto de extrema importância refere-se à possível revelação de fatos numa constelação sistêmica poder ser utilizada como meio de prova ou o assentimento da parte envolvida sobre a veracidade da dinâmica apresentada numa constelação. Por exemplo, pode, numa constelação, ser revelada uma agressão seguida de cárcere privado da esposa. Trata-se de conduta tipificada como crime. Neste caso, eventual assentimento do marido pode ser considerado uma confissão?

Evidentemente que não, haja vista que a confissão possui como requisito formal a redução a termo, como determina o artigo 195 do CPP, o que não é feito numa constelação.

Outra questão que pode ocorrer é a seguinte: se o magistrado realiza uma constelação ou faz as nomeadas perguntas abertas próximas das constelações estruturais e não consegue a conciliação, poderá, em seguida, instruir o processo? Sabe-se que, para se constelar, há necessidade de estar na chamada "postura do constelador" ou "atitude fenomenológica" que é perceber a realidade como ela ocorre, sem tomar partido e sem querer ajudar. Trata-se de uma postura imparcial, caracterizada por se encontrar como mero espectador da realidade. Aliás, caso fosse uma atividade que retirasse o julgador de sua postura de imparcialidade, seria vedada ao juiz a utilização destes métodos sistêmicos. Assim, não se logrando o acordo, o juiz continua imparcial.

É preciso pensar numa abordagem de utilização dos métodos sistêmicos que estimule as partes a participarem sem riscos. Assim, em não se logrando acordo, não devem os fatos revelados numa constelação ser incluídos na instrução, isto porque, ao se utilizar representantes, pode ser revelado algo contra a própria vontade da parte processual.

Há de se mencionar a solução dada pelo CNJ na sua resolução 225 de 2016, em seu art. 15[7], no que tange às práticas restaurativas, impedindo que o facilitador relate ao julgador o conteúdo das declarações nos trabalhos realizados:

Como já mencionado, os fatos ditos numa constelação não são e não podem ser considerados prova processual e, assim, mesmo que revelados numa constelação, quer fenomenológica, quer construtivista, o juiz não poderá lastrear sua decisão final nestes fatos revelados.

---

[7] Art. 15. É vedado ao facilitador restaurativo:
I – impor determinada decisão, antecipar decisão de magistrado, julgar, aconselhar, diagnosticar ou simpatizar durante os trabalhos restaurativos;
II – prestar testemunho em juízo acerca das informações obtidas no procedimento restaurativo;
III – relatar ao juiz, ao promotor de Justiça, aos advogados ou a qualquer autoridade do Sistema de Justiça, sem motivação legal, o conteúdo das declarações prestadas por qualquer dos envolvidos nos trabalhos restaurativos, sob as penas previstas no art. 154 do Código Penal.

Se algo é dito numa constelação, em não sendo meio de prova, poderia a parte se sentir prejudicada pelo fato de influenciar, de alguma forma, o julgador que também funcionou como constelador? Poderia a parte alegar *venire contra factum* próprio, considerando que o ato que realizou para seu benefício o acabou prejudicando? Não; considerando que o juiz está adstrito às provas produzidas no processo. Ademais, se assim o fosse, toda vez que houvesse o desentranhamento de uma prova nula, como uma interceptação telefônica, o juiz perderia a sua imparcialidade? Evidentemente que não. Por fim, em relação a qualquer ilegalidade neste sentido praticado pelo Juiz, a parte pode e deve se valer do recurso processual.

Também deve ser mencionado que o exercício de facilitador de uma constelação tem a possibilidade não só de acolher a realidade como ela ocorreu, mas aceitar as pessoas como elas são e, portanto, não tender emocionalmente para uma das partes. A figura do constelador é caracterizada por já ter trabalhado o suficiente para não se identificar com as questões com que constela.

Saliente-se que este também é o posicionamento do colega e estimado juiz Sami Storch, que aqui é acolhido em sua integralidade.

6.2. Promotores de Justiça e Defensores Públicos

O que de especial há em relação aos magistrados é que os promotores de Justiça e defensores públicos podem atuar como partes processuais parciais. Em se realizando a constelação numa tentativa de conciliação e não se logrando acordo, pode atuar apenas para uma das partes? Neste caso, para não haver quebra da boa-fé objetiva processual, há necessidade de que, antes da realização da atividade sistêmica, que a parte seja devidamente informada sobre esta possibilidade. Aliás, este procedimento também deve ser aplicado pelos advogados.

6.3. Advogados

Das mais belas profissões, o advogado é indispensável à

administração da justiça, sendo inviolável por seus atos e manifestações no exercício da profissão, nos limites da lei, como estabelece o art. 133 da Constituição da República Federativa do Brasil.

Evidentemente que não se pode dizer que é vedado o exercício de outra profissão ao advogado, mas há limites no sentido de que não haja vinculação entre o exercício laborativo.

Enuncia o Código de Ética da OAB (Ordens dos Advogados do Brasil), em seu Art. 2º VIII, alínea "b", que deve o advogado se abster de patrocinar interesses ligados a outras atividades estranhas à advocacia, em que também atue. Isto significa que não pode patrocinar os interesses do destinatário de sua outra atividade profissional. Assim, o advogado, que também é terapeuta, não pode ajuizar ação de quem fez constelação com fins terapêuticos; mas, se a sua atividade sistêmica não teve esta finalidade, não haverá impedimento algum.

Também não deve o causídico divulgar sua atividade jurídica vinculada a outra, por exemplo, terapêutica. Porém, não há óbice algum que o advogado indique que utiliza os métodos sistêmicos como forma de solucionar conflitos, haja vista que é uma metodologia que se adequa perfeitamente ao sistema multiportas do Novo Código de Processo Civil.

7. Considerações Finais

Um modelo que introduza ferramentas sistêmicas para a solução de conflitos deve buscar uma ordem para seu regular funcionamento, a fim de prevenir quaisquer situações prejudiciais não apenas para os demandantes, como também para os profissionais, sejam operadores do Direito, sejam terapeutas envolvidos.

Para tanto, a fim de o sistema fluir, há de se viabilizar o bem-estar das partes processuais, no sentido de que o que for revelado e dito na fase conciliatória não seja utilizado em eventual instrução.

É necessário, ainda, considerar os limites da atuação do profissional da área jurídica, a fim de que não adentre a esfera terapêutica, seja porque não tem, necessariamente, o preparo técnico para lidar com emoções relacionadas a traumas que podem desencadear no jurisdicionado, seja porque o ambiente forense é inadequado e pouco propício para esse tipo de manifestação.

Por fim, as partes da demanda devem ser aptas, por si sós, a construir uma solução, que, com o uso dos métodos sistêmicos, podem levá-los a compreender melhor as causas de conflito, a sua conexão com possíveis fatores intergeracionais e a necessidade de assunção de responsabilidade não apenas na formação do conflito, como também numa nova postura adequada ao momento posterior ao desate do conflito.

8. Referências bibliográficas

ANOHIN, P. K.; BERTALANFFY, L. von; RAPPORT, A.; MACKENZIE, W. J. M.; THOMPSON, J. D. **Teoria dos Sistemas**. Rio de Janeiro: FGV, 1976.

CARVALHO, B. P. **Constelações Familiares na Advocacia Sistêmica**. Joinville: Manuscritos Editora, 2018.

HELLINGER, B. **Ordens da Ajuda**. 3ª ed. São Paulo: Cultrix, 2013.

MAGALHÃES, J. N. O Uso Criativo dos Paradoxos do Direito: A Aplicação dos Princípios Gerais do Direito pela Corte de Justiça Europeia in ROCHA, Leonel. Paradoxos da Auto-observação: percursos da teoria jurídica contemporânea, Ed. Unijuí, Ijuí, RS, 2013.

MARIOTTI, H. Autopoiese, Cultura e Sociedade. Universidade Federal da Paraíba – Departamento de Biologia Molecular, 1999. Disponível em: <http://www.dbm.ufpb.br/~marques/Artigos/Autopoiese.pdf>. Acesso em: 10 abr 2018.

OTONI, L.; FARIELLO, L. Constelação pacifica conflitos de família no judiciário. Conselho Nacional de Justiça, 2018. Disponível em: <http://www.cnj.jus.br/noticias/cnj/86659-constelacao-pacifica-conflitos-de-familia-no-judiciario>. Acesso em: 15 set 2018.

UM LIVRO MUDA TUDO

CONHEÇA MAIS SOBRE A
EDITORA LEADER

REGISTRE seu legado

A Editora Leader é a única editora comportamental do meio editorial e nasceu com o propósito de inovar nesse ramo de atividade. Durante anos pesquisamos o mercado e diversos segmentos e nos decidimos pela área comportamental através desses estudos. Acreditamos que com nossa experiência podemos fazer da leitura algo relevante com uma linguagem simples e prática, de forma que nossos leitores possam ter um salto de desenvolvimento por meio dos ensinamentos práticos e teóricos que uma obra pode oferecer.

Atuando com muito sucesso no mercado editorial, estamos nos consolidando cada vez mais graças ao foco em ser a editora que mais favorece a publicação de novos escritores, sendo reconhecida também como referência na elaboração de projetos Educacionais e Corporativos. A Leader foi agraciada mais de três vezes em menos de três anos pelo RankBrasil – Recordes Brasileiros, com prêmios literários. Já realizamos o sonho de numerosos escritores de todo o Brasil, dando todo o suporte para publicação de suas obras. Mas não nos limitamos às fronteiras brasileiras e por isso também contamos com autores em Portugal, Canadá, Estados Unidos e divulgações de livros em mais de 60 países.

Publicamos todos os gêneros literários. O nosso compromisso é apoiar todos os novos escritores, sem distinção, a realizar o sonho de publicar seu livro, dando-lhes o apoio necessário para se destacarem não somente como grandes escritores, mas para que seus livros se tornem um dia verdadeiros *best-sellers*.

A Editora Leader abre as portas para autores que queiram divulgar a sua marca e conteúdo por meio de livros...

EMPODERE-SE
Escolha a categoria que deseja

■ Autor de sua obra

Para quem deseja publicar a sua obra, buscando uma colocação no mercado editorial, desde que tenha expertise sobre o assunto abordado e que seja aprovado pela equipe editorial da Editora Leader.

■ Autor Acadêmico

Ótima opção para quem deseja publicar seu trabalho acadêmico. A Editora Leader faz toda a estruturação do texto, adequando o material ao livro, visando sempre seu público e objetivos.

■ Coautor Convidado

Você pode ser um coautor em uma de nossas obras, nos mais variados segmentos do mercado profissional, e ter o reconhecimento na sua área de atuação, fazendo parte de uma equipe de profissionais que escrevem sobre suas experiências e eternizam suas histórias. A Leader convida-o a compartilhar seu conhecimento com um público-alvo direcionado, além de lançá-lo como coautor em uma obra de circulação nacional.

■ Transforme sua apostila em livro

Se você tem uma apostila que utiliza para cursos, palestras ou aulas, tem em suas mãos praticamente o original de um livro. A equipe da Editora Leader faz toda a preparação de texto, adequando o que já é um sucesso para o mercado editorial, com uma linguagem prática e acessível. Seu público será multiplicado.

■ Biografia Empresarial

Sua empresa faz história e a Editora Leader publica.

A Biografia Empresarial é um diferencial importante para fortalecer o relacionamento com o mercado. Oferecer ao cliente/leitor a história da empresa é uma maneira ímpar de evidenciar os valores da companhia e divulgar a marca.

■ Grupo de Coautores

Já pensou em reunir um grupo de coautores dentro do seu segmento e convidá-los a dividir suas experiências e deixar seu legado em um livro? A Editora Leader oferece todo o suporte e direciona o trabalho para que o livro seja lançado e alcance o público certo, tornando-se sucesso no mercado editorial. Você pode ser o organizador da obra. Apresente sua ideia.

A Editora Leader transforma seu conteúdo e sua autoridade em livros.